浙江省高校人文社会科学重点研究基地(金融学)
教育部人文社会科学研究青年基金(12YJC790270)
教育部博士点基金(20123326120006)
浙江省哲学社会科学规划课题(11JCYJ10YB)

资助出版

# Research on Order Submission Strategy and Market Liquidity in Order-Driven Market

# 指令驱动市场委托单提交策略与市场流动性研究

张少军◎著

中国经济出版社
CHINA ECONOMIC PUBLISHING HOUSE
北京

**图书在版编目（CIP）数据**

指令驱动市场委托单提交策略与市场流动性研究/张少军著.
北京：中国经济出版社，2014.1
ISBN 978-7-5136-2784-9
Ⅰ.①指… Ⅱ.①张… Ⅲ.①市场经济学—研究 Ⅳ.①F014.3
**中国版本图书馆 CIP 数据核字（2013）第 224702 号**

责任编辑　吴航斌　张　薇
责任审读　霍宏涛
责任印制　马小宾
封面设计　久品轩

**出版发行**　中国经济出版社
**印 刷 者**　北京科信印刷有限公司
**经 销 者**　各地新华书店
**开　　本**　710mm×1000mm　1/16
**印　　张**　9.75
**字　　数**　130 千字
**版　　次**　2014 年 1 月第 1 版
**印　　次**　2014 年 1 月第 1 次
**书　　号**　ISBN 978-7-5136-2784-9/F·9896
**定　　价**　39.00 元

**中国经济出版社**　**网址** www.economyph.com　**社址** 北京市西城区百万庄北街 3 号　**邮编** 100037
本版图书如存在印装质量问题，请与本社发行中心联系调换（联系电话：010-68319116）

# 摘　要

金融市场微观结构理论主要考察特定的交易规则下资产的交易过程以及市场的具体运作机制，信息与流动性是其中的两大关键问题。本文主要以中国的指令驱动市场为背景，研究这个新兴市场上持有异质信息投资者的策略选择行为，衡量交易者的买卖委托压力，从投资者策略选择角度理解流动性的提供机制。在委托策略的基础上，研究投资者依据信息不断调整委托的行为，以及调整策略所导致的买卖委托不平衡现象和市场流动性的差异；进而评估了交易者的指令选择行为及委托失衡中所反映的交易信息的非对称程度，考察信息性交易及流动性约束下的委托策略对市场的冲击，以及对市场上交易信息的揭示程度——交易透明度的依赖，在此过程中利用中国指令驱动市场高频交易数据进行实证分析。试图通过研究为政策的制定者分析市场长期交易效果提供理论依据和信息参考，为监管当局的市场监管改革提供决策支持，为交易所和交易机构风险防范和管理奠定基础，并有助于指导机构和个体投资者的决策行为。

首先，从市场微观结构的角度出发，在信息和流动性两个方面展开研究：界定了交易者所持异质信息的内涵，同时分析了在中国这个新兴指令驱动型市场上，流动性不同于其他报价驱动市场的特性、特定的提供机制以及影响流动性的因素。能够认识到交易信息的异质性，并接受所持信息差异的理念，将导致交易者采取不同的行为方式，从而可能左右市场的流动性。因此从持有异质信息的投资者角度考察市场流动性，分析市场中投资者的指令委托类型，在此基础上构建指令驱动市场中持有异质信息的交易者委托单提交策略选择模型。对不同类型投资者的信息、指令执行阶段概率及对委托单提交类型的相互影响进行分析，综合考察了投资者之间的交易策略博弈，分析了交易者指令选择的市场流动性效应。

其次，研究了投资者依据所持信息的差异，不断调整委托单策略而导致的买卖委托不平衡问题。因为随机赢利的提高，市场上可能出现大量的买单；反之，随机赢利的下降，会导致大量卖单的显现，这种投资者的非理性行为辅以信息的作用，体现为委托的不平衡。因此，建立基于交易者买卖委托单不平衡的市场流动性模型，在定义买卖委托单不平衡基础上，给出买卖委托单不平衡的三种衡量方法，在此基础上采用上海A股市场的高频交易数据，实证研究了基于投资者买卖委托单不平衡的股票收益率与流动性问题，并对股票交易规模、买卖委托单的不平衡与股票流动性之间关系进行实证检验。

不可否认，在交易过程中，信息的获取是投资者进行策略选择的关键。以委托单不平衡形式出现的实时交易将帮助投资者推断之前对他们未知的信息，买卖委托单的不平衡现象同时也显示了市场上股票交易信息的非对称程度，而信息性交易概率可看做股票信息不对称程度的代理变量，由此进一步构建了异质信息指令驱动市场信息性交易概率测算模型，分析投资者的交易动机，在交易者指令选择基础上，研究如何从公开可获取的信息判断信息性交易者的交易概率问题，对日内交易事件的非信息交易者的委托及信息性交易委托分别进行分析，评估指令驱动市场信息性交易概率，并用中国股市的日内交易数据进行了实证检验。

最后，交易过程中，信息的可见性非常重要，其影响了市场参与者的交易策略，对于一个市场来说，如果获取了交易者指令流的相关信息，则可被认为是透明的，透明度在交易制度设计方面扮演了重要角色。从考察交易透明度的内涵出发，根据与交易的相对位置区分交易前透明度与交易后透明度，研究交易信息揭示与市场的流动性效应，考察交易前透明度改变后的日内效应，并用上海证券交易所高频交易数据对买卖行情实时揭示制度的变化进行了实证检验；指出建立规范适度的交易透明度制度，才能为投资者提供公平良好的交易环境，改善市场质量。

**关键词** 异质信息；指令驱动；委托单策略；流动性；买卖委托不平衡

# 目 录

Contents

# 第一章 绪论

## 第一节 研究背景及意义

### 一、研究背景

自20世纪90年代以来，金融市场中的交易机制经历了一系列快速的发展与变革。一方面，现代化先进的网络技术迅猛发展改善了证券市场的交易能力，保证了交易的实时性及有效性，同时也提高了证券市场散布实时成交信息的能力。另一方面，网络技术的先进性也给证券市场交易平台的迅速发展提供了可能。在大多新兴的证券市场上，很多相关的交易规则的制定已不再局限于将可能发生的交易都集中在报价大厅中进行，投资者的交易行为以及委托单的提交与修改也已更少的受到做市商的操作限制。同时，实时电子交易网络报价的引入，吸引了交易者提交实时委托单的积极性，也加强了交易所对交易者委托单流的竞争。因此，伴随着技术的提高和市场变革的需要，对于交易市场相应交易规则的调整要求，交易所对市场交易制度的设计及投资者委托行为等相关问题的讨论，使得以交易流动性为核心的研究吸引了逐渐庞大的研究群体的关注。

在资本市场中，投资者决定何时从事交易并提交委托报价的过程，是其潜在的需求最终转换为价格和交易量的过程（Madhavan，2000）[1]，也是单个股票的价格形成过程。从而理解证券成交价格和交易量的演进，特别是在演进过程中交易信息的不断导入与吸收，是金融市场微观结构研究的核心问题。

在证券交易价格和交易量的演进过程中，流动性促进了投资者的潜在交易需求转化为现实的交易结果，流动性成为金融市场微观结构的一个重要特征。流动性隐含了不变价格和有效变现两方面的内容（Kyle，1985）[2]，显示了在特定的交易无显著价格变动的情况下，交易者以较低的成本快速买卖大量股票的能力。因此在股票价格和交易量的演进过程中，流动性很大程度上左右了证券市场的投资行为，进而也影响了市场资源的有效配置，成为金融市场的生命所在。

研究交易价格发现过程与交易运作机制是金融学一个重要的分支，从20 世纪 80 年代末开始，伴随着众多金融市场的对外开放、国际资本流动的稳步增强，以及投资者可扩展的投资机会的不断增加，金融市场中流动性的研究开始引起相关学者的关注。特别是伴随着市场微观结构的变化开始进一步发展，尤其是在经历了三次金融危机，如 1987 年的全球股市崩溃、1997 年的东南亚金融危机以及 2008 年的全球金融危机以后，以交易流动性为核心的金融市场微观结构理论的研究已经成为现代金融学最前沿的领域之一，并受到越来越多的关注。伴随着近期金融市场交易机制的变化，电子交易网络的发展，公开信息披露制度的改进，以及各类新兴交易平台的出现，股票交易所的整合对新的利益增长点的寻求等市场变革，使得流动性的研究更加相关和重要起来。

在流动性的研究中，以信息为核心，关注信息的产生及传播对资产价格变化和流动性影响的研究开始兴起和发展。信息对证券市场的运行具有重要意义，与流动性有着密切的关系。交易者的意愿是根据基准资产价格从事交易，但却常常被媒体、舆论等评论所左右，这就是交易信息的力量所在。证券市场的交易很多是被信息所驱动的，而证券市场中许多已经执行的公开机制的设计，其功能也主要在于使证券的交易价格中能够有效的导入即时交易的信息。在持有异质信息的投资者参与的金融市场中，由各种信息事件所触发的投资者间的委托博弈，将释放和传递关于特定股票未来价值的信号，而由此引起的交易对交易价格影响的持久程度反过来也可以用来识别市场的流动性，进而逐步呈现在交易中可能存在的不对称信息。因此，金融市场上具有不同投资期限和偏好的投资者，他们拥有不同的交易信息、对于交易“公平”价格的不同认知构成了市场流动性丰富的来源。

在流动性的供给源以外，交易所中交易的达成也需要特定的制度设计，以协助买入与卖出交易的匹配完成。在传统的报价驱动市场中，做市商中间协调的专家系统充当了这个角色（Amihud and Mendelson，1988）[3]，目的在交易过程中确保流动性，作为提供流动性义务的回报，做市商有进入限价指令簿的权利，通过观察委托单流和委托单流的差异，设置相应的买卖报价从而获取收益。伴随着计算机技术的发展，实时通讯技术的改进以及金融市场的进一步开放，交易所也在逐渐的改进交易手段和技术，在实时电子交易环境中，采用指令委托匹配买卖交易者的交易机制已经变成一种相对广泛的市场机制形式。电子限价指令簿和指令驱动的市场结构在最近几年得到了迅猛地发展，许多最新涌现的金融衍生产品已经开始支持指令驱动市场。在指令驱动市场中，流动性的提供依赖于公开的限价指令（Visaltanachoti，Charoenwong and Ding，2008）[4]，且限价指令簿对于每个市场参与者是可见的公开信息。

目前，在中国上海和深圳交易所采用的是指令驱动的形式，这种交易机制的显著特征是不存在最终可求助的流动性提供商的报价，与诸如纳斯达克交易所的报价驱动市场形成鲜明的对比，对于任何的市场参与者，没有强迫其提交限价指令的机制，交易所中没有了做市商积极的参与和从事维持一个公平有序的市场的义务，自由的进出机制给委托单的提交者提供了更广泛的交易环境。交易者基于异质信息考虑，选择交易时间的行为有可能会限制市场的流动性。相比于报价驱动市场中对投资者进入和退出市场流动性都存在一定的限制的约束来说，指令驱动的市场产生的流动性供求更近似于完全竞争下的均衡。

在指令驱动的市场环境中，参与证券交易的投资者可以自由地进出市场。市场参与者是在一个复杂的环境中，根据所掌握的有关交易的信息情况及对未来资产价格的预期做出决策，但这些决策行为最终只体现为投资者提交或者撤销委托单的简单的指令行为。投资者的有效委托通过自动撮合的交易系统进行指令撮合得以成交，而对资产价格的不同预期将导致投资者提交方向不同的不平衡指令，使得未撮合的指令无法得以及时执行，从而使得指令的提交过程左右了证券市场的流动性和稳定性。因此，建立在报价驱动市场中的相关研究结果，或隐含做市商假设的研究，在依赖于公开限价指令提供流动性的中国指令驱动的证券市场中并不一定适用。目前，中国采用的是指令委托的形式，与诸如纳斯达克交易所等报价驱动市场形成鲜明的对比，与其他指令驱动市场相比也存在一定的交易机制差异，例如不存在隐藏指令等。

## 二、研究目的和意义

本文将以中国的指令驱动市场为背景，通过分析信息和采用来自于证券市场的交易委托数据，研究在这个新兴市场上投资者委托单的提交、删除及修正行为，衡量交易者的买卖委托压力，从交易者指令的策略选择角度理解流动性的提供机制。研究交易者委托导致的买卖委托单不平衡与市场流动性间的关系，寻求理论和实证的分析，进一步理解指令在价格形成过程中转化和积累的规律，进而评估指令提交、修正行为及指令失衡中所反映出的交易信息非对称程度。在此基础上，考察信息性交易及流动性约束下的委托单策略对市场的冲击，捕捉其对交易信息透明度的依赖。试图通过以上研究，分析交易系统的长期贡献，以改善市场的流动性，为政策的制定者分析市场长期交易效果提供理论依据和信息参考，为监管当局的市场监管改革提供决策支持，为交易所和交易机构风险防范和管理奠定基础，并有助于指导机构和个体投资者的决策行为。

研究基于交易者委托单策略选择的市场流动性对我国证券市场的改革和发展及指导投资者的决策行为具有重要的意义。

流动性的研究为提高证券市场的竞争性和稳定性提供了有效保证。建立流动性良好的市场是证券市场得以健康发展的前提，规范稳定的市场微观机制是金融市场发展的根本需要。随着金融市场规模的逐渐增长，各个交易所在不断寻求完善交易机制的策略，用于提高交易所自身的竞争能力，以吸引更多的投资者。我国的上海和深圳证券交易所经过多年的持续发展，在上市公司的数量、流通市值、交易规模和交易技术上都有了较大发展，2012 年的统计数据显示，上海证券市场的市价总值及成交金额等已跃居全球第七的位置。但中国的证券市场与国外成熟资本市场相比，在市场微观结构理论方面的研究还处于起步阶段，伴随着金融市场的发展，由流动性变化导致的市场矛盾也日渐突出，市场政策的制定相对缺乏对市场整体流动性、交易信息控制、市场效率、交易透明度等现状深入了解的基础性支持。随着中国证券市场对境外投资者的逐步开放，国际资本流动的稳步增加，从市场微观结构理论的角度讨论证券市场的流动性，研究在中国这个新兴指令驱动型市场上投资者的委托单提交策略，理解中国指令驱动市场中流动性的产生机理及其提供机制，对建设一个规范透明、开放高效且充满活力的证券市场，提高中国证券市场的稳定性和竞争性均具有重要意义。

流动性的研究作为金融市场微观结构理论的一个重要分支，有利于改善证券市场的质量，可以为政策的制定者分析市场长期交易效果提供理论依据，对检验最近的交易变化以及交易系统改进所取得的效果具有一定的理论和现实意义。

基于交易者委托单策略行为的市场流动性研究为投资者的交易决策提供了信息和理论依据。随着中国证券市场的进一步发展，高频交易数据的可获取性相对提高，市场上数以亿计的指令数据和价格数据记录给研究证券市场中交易的实时状态提供了可能；同时市场中交易资产价格的形成过程，为投资者选择消耗流动性或者提供流动性的决策行为及其效果提供了完整的记录信息，这也给研究交易者指令提交行为的规律性，即委托单流的信息，从而更好的理解市场流动性提供了可能。相关研究将有助于理解交易过程中潜在需求的演进过程，特别是在演进过程中信息的吸收，为有效应对极端失衡现象、降低私有信息赢利空间提供了依据。

## 第二节　国内外研究现状

### 一、国外研究现状

#### （一）基于信息的微观结构理论研究现状

金融市场微观结构理论是金融经济学中主要研究交易过程的一个领域。包含了金融资产交易品种、市场参与者的构成以及其交易行为、市场的效率、交易策略等方面内容（O'Hara，1995）[5]，重点指市场中的交易结构。在交易过程的研究中，国外早期的观点认为，市场就是买卖双方以彼此接受的价格进行交易的场所，在此价格上供给与需求相等，而交易所通常被视作是据此运作的市场典范（Madhavan and Panchapagesan，2000）[6]。但实际上，交易所中可见交易的达成需要特定的制度设计，以此来协助交易者买入与卖出交易的匹配完成。但传统的经济学理论在这方面缺乏对市场整体制度设计、市场组织及交易形式的分析，也较少涉及买卖双方如何通过合理的市场机制得以匹配的过程，以及如何形成交易并取得均衡交易价格的解释。比较关注于交易的结果，并倾向于将投资者的交易过程视同于买卖双方的交易意愿，因此形成了理论上信息对称、无交易成本和完全透明的均衡市场。在此市场上价格反映了资产的真实价值，投资者可以按照价格实现任何数量的交易。

但现实的市场并非如此，是存在摩擦且非对称信息的市场。在金融市场的交易过程中，并不是所有投资者都能即时公平地得到所有与交易相关的信息，且投资者自身的差异也会造成对市场公开信息理解和接受程度的不同，从而造成信息的非同质现象。投资者在交易过程中面临异质信息时将表现出不同的行为特征(Wen-I and Bong-Soo, 2011)[7]，即使在市场中投资者能够获取共同的知识，但他们对共同知识的理解却不尽相同，因此有必要对投资者共同知识下异质性信念进行分析(Harris and Raviv, 1993)[8]；Berk 和 Uhlig(1993)[9]的研究中认为异质性（Heterogeneities）足够大时，行为人可能选择尽早释放信息（以低的价格），从而导致市场的不完备性。因此若信息的时间选择是内生的，则市场不可能完备，均衡甚至也可能不存在(Berk, J. , 1997)[10]。对投资者行为的研究有利于理解市场的供给与需求（Alexander and Peterson, 2007)[11]，这使得人们关注于投资者个体的决策行为以检验微观结构模型的有效性(O'Hara, 1995)[5]。

为揭示交易过程内部的运作机制，对市场中买卖价差形成过程的研究，奠定了微观结构研究的基础(Madhavan, 2000; O'Hara, 1995; Demsetz, 1968; Biais, Glosten and Spatt, 2005)[1,5, 12, 13]，买卖双方的时间跨度、买卖数量等因素的差异都可能导致市场交易失衡，从而不能有效地达成出清价格(Demsetz, 1968)[12]。为揭示交易过程内部运作机制，流动性被引入研究用于降低交易中涉及的摩擦和匹配交易费用(O'Hara, 1995; Biais, Glosten and Spatt, 2005)[5, 13]。Demsetz 将买卖报价的价差看做是为即时性交易所支付的特定成本，而交易的即时性采用执行固定规模指令所需要的时间来衡量，从而衍生出了对流动性最早的定量描述；他认为在任何时点市场上都存在着希望立即进行买卖的供给者以及有耐心的买卖需求者，立即交易的供求者为市场提供了流动性，而流动性的高低则取决于交易者买卖意愿的强弱程度及风险偏好等因素。当市场上流动性较差时，价格的变动成为调整流动性供给的手段。随后 Garman(1976)[14]探讨了做市商制度下指令流的到达对价格行为的影响，分析了金融市场中时间上的微观结构效应，促进了微观结构理论的发展。市场微观结构逐渐定位为研究外在规则下交易资产的过程和结果，以及影响价格发现的市场设置的所有组成成分(O'Hara, 1995; Aitken and Frino, 1997)[5, 15]，此过程也是投资者的潜在需求最终转化为价格和交易量的过程，在此过程中交易受到技术（Technology）、规则（Regulation）、信息（Information）、金融工具（Financial Instruments）和市场参与者（Market Participants）等形成交易的市场设置的组成因素的影响[15]。

其中信息在微观结构的研究中涵盖了非常广泛的领域，主要可归结为四个方面：价格的形成和发现；市场结构和组织对价格发现和福利的影响（Biais, Glosten and Spatt, 2005）[13]；信息和披露；以及起源于市场微观结构与金融学其他领域的信息问题（Madhavan, 2000）[1]。在关于信息的微观结构理论研究中，主要的理论模型可分为以下两类：

1. 完全信息交易的存货成本模型（Inventory Models）

早期的存货成本理论认为，做市商为市场提供流动性而持有存货。做市商在面临随机且不平衡的买卖订单时，将设定买卖价差，用以弥补为避免破产而持有的股票或现金头寸所带来的存货成本及可能的风险。但由于存货成本模型是基于报价驱动的做市商市场而建立的，它无法解释在指令驱动的竞价市场中为什么还存在着买卖价差，同时也很难对指令驱动市场中的价格调整机制做出较为合理的解释。

存货成本模型的代表性研究成果有：交易者数目较大时，依据 Poisson 过程建立的随机市价指令流模型（Garman, 1976）[14]；做市商单一时期的最优存货策略模型（Stoll, 1978）[16]；多个流动性提供者对买卖报价的影响研究（Ho-stoll, 1981；Cohen, Maier, Schwartz and Whitcomb, 1981）[17, 18]等。做市商必须根据实际存货水平与预期存货水平的偏离，灵活调整买卖报价水平（Garman, 1976；Stoll, 1978）[14, 16]，做市商价差反映了其承担流动性提供义务所发生的成本（Stoll, 1978）[16]。

2. 考虑非对称信息的信息模型（Information Models）

存货模型的缺陷使得考虑非对称信息的信息模型研究开始兴起，信息模型衍生于信息成本的概念（Bagehot, 1971）[19]，在区分了未知情的流动性驱动的交易者（Liquidity Motivated Trader）和具有内部信息的知情交易者（Informed Trader）基础上，Bagehot（1971）[19]认为由于做市商与知情交易者交易产生的损失必须通过与流动性交易者的交易利润来获得补偿，因此其设定的买卖报价差含有了信息成本的因素。信息模型修正了存货模型的信息对称假设，认为是信息的不对称而非存货成本导致了价差的形成，因此即使做市商是风险中性（Risk Neutral）完全竞争的，仍然存在买卖报价差。

信息模型方面的代表研究有：做市商定价策略模型(Glosten and Milgrom, 1985)[20]为代表的序贯交易模型（Sequential Trade Models），考察交易序贯且单时点发生时，做市商如何从指令流中学习信息过程的表现；知情交易者交易策略模型(Kyle, 1985)[2]，采用序贯竞价的含内部交易的动态模型，检验价格的信息含量和私人信息对内部交易者的价值；未知情交易者的交易策略模型（Admati, 1991）[21]。同时 Kyle 的研究中首次涉及了在潜在信息非对称的动态交易市场环境中，流动性紧性（Tightness）、深度（Depth）、弹性（Resiliency）三方面的特征。信息模型中强调的市场信息不对称的普遍性，对于指令驱动市场的流动性机制研究起到了重要作用，而流动性交易者从事“阳光交易”所提前宣布订单规模的情形，能够改变市场中信息非对称的本性，协调市场中流动性的供需，从而降低了该类交易者的交易费用(Admati, 1991)[21]。

### （二）市场流动性的研究现状

证券市场本质上是对经济中已有投资的重新分配，在交易成本尽可能低的情况下，使投资者能够迅速、有效地执行交易。因此在证券市场中，流动性扮演了非常基础的角色，是资产在买卖双方间进行交易的基本需要，用以降低交易中涉及的市场摩擦和成本，也成为了市场设计中的重要因素(Amihud and Mendelson, 1988)[3]。流动性在促进风险的分散方面、鼓励与费用相关的信息搜集方面等具有一定的作用，如果市场缺乏必要的流动性将导致交易难以达成，市场也就丧失了存在的必要，因此关于流动性的研究引起了市场参与者、制度的设计者和研究者极大的兴趣。

流动性具有多重性，正如 Keynes(1930)[22]所提到的“如果资产在短期内无损失的、较确定的可实现”，则该资产较其他资产更具流动性。据此资产流动性可从两个维度衡量：可实现终值的无风险性及市场稳定有效吸收交易而不存在剧烈价格变动的能力。早期研究大多从一个方面对流动性给予较多的关注，如侧重于“在当前的报价价格和确定的时间下执行交易的能力”（Grossman and Miler，1988）[23]的执行能力；侧重于“无代价交易的能力”（O'Hara，1995）[5]的交易能力；侧重于“用于搜寻匹配交易者所耗的直接成本”（Amihud and Mendelson，1988）[3]的交易成本和交易方式。

流动性良好的市场通常被看做是“用最少的价格影响来提供交易”的市场。在一个流动性较好的市场中，投资者能够根据市场的供求情形，以合理的价格迅速从事交易；且市场的流动性越高，立即执行即时交易的成本就越低(Kyle，1985)[2]。流动性的度量是以金融市场微观结构理论作为基础，体现了投资者根据市场的基本供求状况，将所持有的一定数量的资产以合理的价格进行迅速成交的能力，包含了吸收大量交易的能力、即时交易的能力与不变价格交易的能力。因此流动性至少从三个市场特征上得以体现，也即成交量、成交时间和成交价格。而这些特征取决于市场的交易规则、参与者及投资者的交易行为，恰恰是市场微观结构理论的研究所在。

当在市场微观结构理论下讨论市场流动性时，常常引入更实际的概念，像改变位置的费用（紧性），改变价格需要的指令簿横截面的交易规模或深度（市场深度），恢复由突然变动导致的价格波动或者达到新的均衡价格所需要的时间（市场弹性）等，价差常被作为流动性的衡量标准来讨论(Copeland and Galai，1983)[24]。

因此，流动性成为市场质量的首要指标，也是市场微观结构设计的基本目标之一，而投资者进行的交易是产生流动性的根本动力，流动性的改进和稳定不仅对市场参与者很重要，也是扩大金融市场稳定性的有效途径，增加流动性将有利于改善市场效率(Muranaga and Shimizu，1997)[25]。

流动性与交易机制紧密相关，在流动性的提供上，对不同的交易机制提供流动性的优缺点，尚存在许多的争议。报价驱动市场中，做市商在提供报价时可能会考虑到交易对手有信息的比例，用以减少面临信息交易者交易时所产生的逆向选择成本（Glosten and Milgrom，1985）[20]；报价驱动市场中存在多个做市商提供流动性时，做市商在面临非对称信息时可能出现战略性交易行为（Bondarenko，2001）[26]；因此，如果不存在自由进入市场提供流动性的限制，则报价驱动市场相比连续拍卖的指令驱动市场提供了更好的价格发现（Madhavan，1992）[27]。而指令驱动市场中主要依赖提交限价指令的交易者来提供流动性（Handa and Schwartz，1998）[28]，Glosten（1994）[29]以及 Chung，Van Ness Bonnie 和 Van Ness Robert（1999）[30]等的研究更偏好指令驱动市场：在存在极端逆向选择的市场环境中，公开的限价指令簿能够为市场提供最大限度的流动性（Glosten，1994）[29]；同时，指令驱动市场较纯粹报价市场而言，存在着较低的执行费用。在限价指令的市场中，来自委托指令交易者所提供的买卖价差要小于纯粹的报价市场中做市商提供的报价价差（Chung，Van Ness Bonnie and Van Ness Robert，1999）[30]。而混合的交易市场可以与指令驱动市场和报价市场相竞争和共存（Viswanathan and Wang，2002）[31]，“在适当的条件下，风险厌恶的交易者对混合市场的偏好更甚于做市商市场和限价指令驱动市场”，而“风险中性的交易者更偏好在限价指令驱动市场中进行交易；当做市商数目较多且交易规模较大时，风险厌恶的交易者更偏好在报价市场中进行交易”；相对于纯粹的指令驱动市场和基于做市商的报价市场，混合交易的市场机制可能为市场提供了更好的流动性（Jain，2003）[32]。

### （三）信息在市场流动性上应用

除了考虑交易机制的不同，对交易而言，信息通常反映在价格之中，交易活跃的时间会反映更多的信息（Visaltanachoti，Charoenwong and Ding，2008）[4]，交易含有显著的信息效应（Menkhoff and Schmeling，2010）[33]，通常信息较好的交易者比信息较差的交易者更可能转移交易中涉及的风险，交易过程中信息在决定市场参与者采用创造还是吸收流动性的行为和策略方面扮演了重要角色（Huang and Stoll，1997）[34]。市场上信息的非对称程度越大，信息较差的交易者面临的交易风险也越大，部分信息较差的交易者为减少可能面临的交易损失将选择推迟交易的时间，这必将限制市场现有的流动性：Easley，Kiefer，O'Hara 和 Paperman(1996)[35]等对纽约股票市场的实证研究认为信息交易概率越高，则股票价差越大、流动性越差；Admati 和 Pfleiderer （1988）[36]指出信息交易者之间的竞争减少了不对称信息扩散的成本，给市场提供了更高的流动性；Bushman(1997)[37]认为依据盈余公告时间进行的战略交易将减少投资者的私人交易，从而影响了市场的流动性。因此，投资者的交易决策既是信息性的，也是流动性驱动的。关于信息与市场流动性方面的研究主要从以下几个方面展开：

1. 信息透明度与流动性

信息透明度显示了行为人提取或复原市场有关交易信息的能力，也即“市场参与者观察到交易过程中信息的能力”（O'Hara，1995）[5]，是金融市场微观结构理论研究的一个重要内容。关于透明度的研究，存在着相对不同的结论：

信息透明度的增加，导致了更大的信息普及性(Glosten，1999)[38]，改善了信息的有效性，提升了指令簿的开放性(Baruch，2005)[39]，促使做市商获取更多的可见信息，用以确定其报价行为，从而扩大了做市商推断不同类型订单流的准确程度(Pagano and Roell，1996)[40]，意味着较低的逆向选择和更有效的价格和更窄的价差(Glosten，1999)[38]，因此改进了市场流动性；同时 Pagano 和 Roell(1996)[40]的研究中也对不同程度透明度的交易系统进行了对比，认为信息透明的系统通常对非信息性参与者提供较高的使用费用，模型的均衡结果显示在各类交易量上，无论信息交易者采用何种策略，非信息交易者在信息透明的竞价市场中福利最优，而信息交易者则相反。但模型的缺陷在于忽略了交易得以成交的风险，假定交易者并不关心成交速度，也没有解释某些交易者宁愿在诸如 Nasdaq 和 London 的 Seaq 等低透明度市场进行交易的原因。

另外一种观点则显示信息透明度的提高，导致了市场流动性的下降(Porter and Weaver，1998；Madhavan，Porter and Weaver，2005)[41, 42]。多伦多证券交易所增加订单簿透明度事件前后市场质量的实证分析研究显示，更高的订单簿透明度将导致更差的市场流动性和波动性。由于限价指令的暴露加大了信息性交易者的风险，增加了信息性交易者的交易成本，导致大额流动性的交易者不愿在高度透明的市场中以限价指令的方式提供免费期权，带来市场流动性的降低(Easley and O'Hara, 1991)[43]。

Madhavan(1996)[44]则认为提高信息透明度对市场的影响要视市场的具体情况而定。对交易不活跃、竞争性不强的市场，增加信息透明度会使市场流动性降低；如果市场足够大且存在着充分的噪声交易，则信息透明度的增加将降低市场波动性，提高流动性；Tong(2007)[45]的研究则显示信息的披露规则改善了投资者对公开信息的获取途径，但同时弱化了交易者利用潜在的私人信息从事投资的动机，两相抵消使得信息透明度的改善对投资者预期和决策所产生的净效果可能很小甚至是负的。

其他关于信息透明度的研究主要集中于信息的释放速度、内部交易、阳光交易及匿名交易所涉及的信息的公开性，信息披露的管理策略等角度进行研究：通常垄断信息交易者在日内均匀释放私人信息，而在面对公开信息即将被揭露时，他将会加速私人信息的释放速度(Foster and Viswanathan, 1990)[46];信息交易者揭露信息的速度及其行为除了与信息交易者之间的竞争有关以外，更取决于信息交易者间信息的相关性(Back, Cao and Willard, 2000)[47]。对法国和英国不同的限制内部交易法规的研究显示，内部交易者所隐含的信息创造了信息的非对称性；而信息的不透明性降低了做市商的赢利，从而促使做市商增大买卖报价价差，以便从非信息性交易者处获取额外的盈余来弥补这些损失，因此减少一定数量的信息性交易将降低买卖价差(Maisondieu-Laforge, 2007)[48]；而在允许部分流动性交易者提前宣布自己交易的信息及可能的规模的阳光交易（Sunshine Trading）模型的研究中，发现能够提前公布其交易信息的这部分交易者将享受到成本降低的益处，原因在于市场能够准确地推断出他们并不是出于信息的驱动而从事交易，而不能提前公布其交易的那部分流动性交易者将面临逆向选择，促使成本的提高(Admati and Pfleiderer, 1991)[21]；在 Forster 和 George (1992)[49]的研究中采用了类似的思想，在放松了交易者实行匿名交易的传统假设基础上，允许市场获取关于交易者未来交易方向和交易深度的部分信息，研究发现当市场能够了解有关流动性交易的方向时，可以降低流动性交易者的交易成本；而主动积极的订单信息的披露管理策略对交易者是有益的，研究显示交易者揭示自身的订单信息时将面临被其他交易者所利用的风险，从而推断交易者订单所含证券价值的私有信息，进而利用该订单隐含的交易权的风险。交易者可以采用订单的分解（提交更小的订单），订单更频繁的删除、修改和重新提交订单的办法，以及借助更接近交易过程的代理商来管理订单的信息揭示而不是给指令簿提交指令等行为来规避风险(Harris,1996)[50]。

2. 信息与投资者交易策略

行为金融的发展，使人们开始更多的关注于投资者个体的决策行为，体现在交易中包括具体的订单选择、规模及时间等，其对资产定价和市场流动性都将产生重要的影响。投资者的交易行为可以检验微观结构理论模型的有效性，对投资者交易行为和交易策略的研究将有利于理解市场流动性的供给与需求。而信息在此扮演了重要角色，O'Hara(1995)[5]认为在交易过程中，可获得的信息会影响交易者的策略；Foster 和 Viswanathan (1994)[51]用一个动态模型分析了信息不对称的两个交易者之间的策略性交易，非信息交易者可能通过观察市场中订单流的数量学习信息交易者所拥有的额外私人信息，从而使信息交易者更关注自己的交易策略及其影响；委托单流有时也是私人信息的信号，投资者对金融资产供给需求的改变将可能显示出某些私有信息，当做市商的风险承受能力有限时，由供需不平衡变化导致的价格压力产生在不平衡与股票回报率之间的可预测关系，但对其方向存在不同的结论(Breen et al.，2002；Chordia et al.，2004，2005；Subrahmanyam，2008)[52-55]。由于信息的优势，知情交易者或机构投资者可能避免使用过大或过小的委托量，而采用委托量中等的委托单进行交易，以秘密地满足其需求(Stealth Trading Hypothesis)(Barclay and Warner，1993；Alexander and Peterson，2007)[56, 11]；而 Huberman 和 Stanzl (2005)[57]对最优交易策略的研究显示，风险厌恶的流动性交易者随着时间的推移降低交易规模，并且在价格波动或流动性增加的初期执行较高比例的交易意愿总量。

对于投资者具体的交易策略，在指令驱动市场中主要体现在指令的委托行为上，近年来有研究显示用限价指令簿增加市场流动性。限价指令簿包含了先前报出的所有限价委托，与指令簿相向的交易委托可以以它们希望的价格和数量，在指令簿中挑选委托。因此，市场上的委托行为通常能够反映交易者不同的信息、策略和风险偏好，有关这一权衡和具体的指令选择研究主要从以下几个方面进行：

①投资者类型的不同对指令选择的影响

通常风险不同的投资者其执行意愿存在着差异（Visaltanachoti，Charoenwong and Ding，2008）[4]，但风险偏好的差异如何影响到投资者具体的决策尚存在异议：

Keim 和 Madhaven（1995）[58]对机构投资人交易偏好的分析得出流动性交易者偏好市价单而信息交易者偏好限价单的结论。流动性交易者偏好市价单的结论同样在 Linnainmaa（2010）[59]的研究中得以体现。信息交易者关注于管理其信息，选择用限价单可以最小化交易对市场的影响，从而避免在交易中泄露信息。在信息交易者能准确预测未来信息时，为了减少逆向选择的损失，其更可能使用限价单获取收益；在限制交易者的委托单为限价单时，由于机构投资者拥有相对较佳的信息判断和预测能力，比较能避免限价单所产生的逆向选择问题，因此机构投资者采用限价单获取的绩效显著优于散户的限价单获利（Anand and Martell，2001）[60]。

Anand，Chakravarty 和 Martell（2005）[61]采用 NYSE 的订单和审计数据检验了信息性和流动性交易者在交易不同时期采用的指令策略，发现信息性交易者倾向于在交易日的初期消费流动性，而在交易日的后期扮演流动性提供者的角色，从而在交易日当天上午更经常使用市价单，而且信息性交易者提交的限价单比非信息交易者的限价单有更好的市场表现；类似的结论在 Bloomfield，O'Hara 和 Saar（2005）[62]的构造的实验资本市场中也有所体现，同时他们的研究显示大的流动性交易者在交易早期阶段偏向使用限价单，并且他们的订单偏好随时间转移逐渐转化为市价单；而信息性交易者较流动性交易者而言更多的使用限价单，为市场提供的流动性随着交易的进行而转换，信息性交易者创造还是吸收流动性的行为改变反映了价格对信息的动态调整。而对于耐心的交易者选择隐藏交易规模是有价值的(Bessembinder，Panayides and Venkataraman，2009)[63]。

②不同市场状况影响投资者决策

由于投资者的决策是在证券市场中进行的，这自然衍生出一个人们感兴趣的问题，市场状况的差异，是否会左右投资者的决策呢？针对这方面的研究结论也不尽相同。

通常投资者根据具体的股票和市场状况来选择决策行为，平均来说投资者能够选择最优的投资策略（期望成本最低）（Peterson and Sirri，2002）[64]；投资者的策略随市场状况不同而改变，主要集中在买卖价差、订单簿深度、交易量及委托单到达机率等方面：当买卖价差较大和订单簿深度较小时，交易者偏好下限价单(Biais，Hillion and Spatt，1995)[65]；当市场日内价差变大时交易者倾向于提交限价单，限价指令减少了NYSE相对于NASDAQ的交易成本(Chung et al.，1999，2001)[30, 66]；同时在提交限价单时，信息性交易者通常较非信息性交易者对于价差的反应更为敏感(Menkhoff and Schmeling，2010)[33]。

而Foucault，Kadan和Kandel(2005)[67]则认为交易者的投资决策受到内部价差、耐心交易者的比例与委托单到达机率三者的共同影响。在市场买卖价差很大、订单很大或投资者预期短期价格波动将会很大的三种情况下，交易者将会提交更多的限价指令，而基于信息的价格波动的增加对限价指令提交数量无影响(Bae，Jang and Park，2003)[68]；限价单委托簿的状态及投资者在委托簿内的排列位置也影响了投资者决策行为的选择；限价买单到达后，同类型委托单的到达机率小于限价卖单到达后连续买单的到达机率(Parlour，1998)[69]；交易资产的价值、个人对流动性的需求、外生性交易者到达市场的速度和固定的委托单提交成本在影响投资者的决策方面起了一定的作用，投资者下限价单的机率与限价委托簿的深度及交易量相关(Hollifield, Miller, Sandas and Slive, 2001)[70]。

③研究委托单的执行情况

动态限价指令市场的价格形成与订单策略选择的博弈理论模型中显示，限价委托单导致了更好的执行价格但是面临不被执行的风险以及 Winner's Curse 问题,但模型没有考虑信息不对称问题及交易者所面临到的等待成本(Foucault,1999)[71]；上述研究与 Handa 和 Schwartz(1996)[72]在资产价格波动是否会增加交易者下限价单的偏好上，意见恰好相反。Foucault 认为资产价格波动性上升时，市价单的成本相对而言较高，因此交易者会偏好下限价单，而 Handa 等则认为信息性的资产价格波动与限价单偏好之间为反向关系。

无论如何，为执行委托单而管理的费用和风险都很高，通常限价单的提交风险正相关于管理委托单的费用(Waiman, 2009)[73]。除去执行风险的影响，Handa, Schwartz 和 Tiwari(2003)[74]延伸了 Foucault(1999)[71]的研究，分析不存在做市商的指令驱动市场非信息交易者的决策问题，但假设信息交易者不选择投资策略，仅提交市价单，这样就缺少了交易者之间策略的相互影响的讨论，因此也不涉及指令的动态发展过程，排除了投资者委托单到达以及执行顺序非随机的可能，这样的假设与真实市场相比有一定偏差，而在 Biais, Hillion 和 Spatt(1995)[65]的巴黎股票市场以及 Al-Suhaibani 和 Kryzanowski(2001)[75]的 Saudi 股票市场中，实证研究显示存在着指令到达与执行非随机的可能性，由于交易的分散性和交易者模仿以及对相同信息的反应，伴随着最优限价单的到达，最有可能进入市场的是同类的限价单，称为“Diagonal Effect”，采用市价单的机率与价差及委托量大小负相关，而与订单失衡及在此之前同方向的市价单正相关，且限价单的绩效优于市价单(Al-Suhaibani and Kryzanowski, 2001)[75]。

④研究委托单获利情况

在均衡时使用限价单的交易者将从流动性驱动的价格变化中获得利润，而在信息性驱动的价格改变交易中遭受损失(Glosten,1994)[29]；限价单实际上相当于为市场提供了一个免费期权，当信息发生变化时，采用限价单的交易者将可能遭受损失（Berkman，1996）[76]。

委托单的获利情况可能影响到投资者的交易策略，投资者可能基于纯粹的信息而出清资产（Bond and Eraslan，2010）[77]；在对交易者的交易行为加入投资策略的考虑时，由于采用限价单将面临逆向选择和不能执行的风险，因此交易者预期的逆向选择机率会决定其采用限价单的决策行为，Handa 和 Schwartz（1996）[72]的研究显示，只有限价单的提供者面对较低的逆向选择风险时，资产价格的波动性与采用限价单的偏好之间正向关系才成立。类似的结论显示，限价单在流动性驱动的价格变化中获得的利润，能够抵消逆向选择所带来的损失，短期的价格波动可用以弥补市场上限价单较少时，限价单的提供者潜在的损失，同时持有较均衡投资组合的投资者采用限价单比市价单更具有优势，但文章建立在静态模型基础上进行探讨，从而无法观察到交易者提交行为之间的相互影响。

在对报价驱动市场知情交易者组合委托单策略获利情况的研究中，Chakravarty 和 Holden（1995）[78]发现限价单的价格会出现在做市商买卖报价之间，并在这之间产生交易。当证券的清算价格大于做市商的买方报价时，采用市价买单与限价卖单的组合策略所获的利润将大于纯粹的市价买单策略的获利；而 Lo 和 Coggins（2006）[79]以及 Mingsheng，McCormick 和 Xin（2005）[80]的研究则显示基于相反战略的委托单流将带来较高的赢利，在此期间做市商采用价格和报价数量来应对委托不平衡现象；Wald 和 Horrigan（2005）[81]的研究基于风险厌恶投资者的期望效用最大化理论，用均值—方差的框架来分析投资者的最优获利策略；Hollifield，Miller 和 Sandas（2004）[82]则认为交易者的最优策略依赖于交易者对资产获利情况的评估，以及对订单价格、执行概率和风险规避的综合权衡，同时最优策略是交易者对资产价值评估的单调函数。

⑤关于匿名交易、成交时间等委托约束的相关研究

针对限价单成交时间的研究认为，限价单的成交时间可用来衡量证券市场的整体质量（Battalio，Greene，Hatch and Jennings，2002）[83]；在采用 S&P500 中前 100 的公司一年内的历史限价单数据估算限价单的成交时间

时，发现解释变量显著的有市场深度、报价中位数与限价单价格的差价以及市场波动性，限价单委托量不显著(Lo, Mackinlay and Zhang, 2002)[84]；匿名市场在某种程度上能够提高价格的竞争性和市场流动性(Forde and Tang, 2009)[85]。

3. 信息性交易与市场效率

信息性交易考虑持有信息的交易者提交的委托单在市场上委托单的占有情况，对信息性交易的研究可以评估市场的质量和效率，相关方面的研究主要集中在假设市场上存在单一的、风险中性的做市商，以及做市商面临的两种类型交易者：信息性交易者及流动性(非信息性交易者)，该种思路体现在 Glosten 和 Milgrom (1985)[20]，Kyle (1985)[2]，Easley 和 O'Hara (1987)[86] 以及 Easley, Kiefer 和 O'Hara(1997)[87] 等的相关研究中。对于交易资产的未来价值，信息性交易者拥有自己的信息，非信息性交易者则是出于流动性需求的交易者(Bagehot, 1971；Jaffe and Winkler, 1976)[19, 88]；拥有较多信息的信息性交易者较非信息性交易者更可能在所从事交易中处于优势地位，因其通常愿意根据所掌握的资产信息情况进行交易，而非信息性交易者则大多出于流动性需求进行交易，且交易将传递信息；进一步 Harris 和 Raviv(1993)[8] 认为某一类型的投资者会比另一种类型的投资者对资产有相对高的评价。

同时，金融市场中信息影响了买卖价差和市场效率，在信息未能完全显露的交易中价差通常较大，并且伴随着价格的较大波动，这将导致交易者采取不同的交易策略来规避可能的风险，而许多的信息交易者通过在可获取价格上执行交易从市场中获取流动性。Kyle(1985)[2] 模型中包含一个风险中性持有垄断信息的信息交易者、随机交易的非信息交易者及风险中性的做市商，投资者拥有不同的交易需求，发现信息交易者利用非信息交易者作掩护，依据垄断的信息获取利润；Easley, Kiefer, O'Hara 和 Paperman (1996)[35] 在 Easley 和 O'Hara(1987, 1992)[86, 89] 发展起来的序贯交易模型基础上，采用最大似然估计法（MLE），开创性的研究了信息性交易的概率问题（Probability of Informed Trading, PIN），该方法最初用于研究是否基于不同的信息交易能够解释所观察到的活跃的与不频繁交易的股票之间价差的不同，在他们随后的许多文献中都沿用了与之相同的方法，如 Easley, O'Hara 和 Paperman(1998)[90]；Easley, Hvidkjaer 和 O'Hara(2002)[91]的研究等均有所体现。对于信息性交易概率的市场表现，Ma (2001)[92]研究了分盘竞价市场，评估了信息交易概率与市场流动性和波动性表现；Chung, Li 和 McInish(2005)[93]的研究显示交易的价格冲击和交易方向的序列相关性均正相关于基于信息的交易概率；Nyholm(2002)[94]以报价驱动市场为基础，用二阶矩阵考虑了做市商所面临的信息性交易的概率，为信息性交易的研究提供了新的思路，主要研究了做市商的报价行为，信息性交易概率和价差关联性，以及交易量高低对信息反应速度快慢的影响，通过推测专家做市商对交易对手的估计来确定市场中的信息性交易概率；Handa, Schwartz 和 Tiwari(2003)[74]研究了指令驱动市场中的信息性交易概率，他们在 Foucault(1999)[71]的研究和 EKOP 模型的基础上，也采用决策树模型的概念及广义矩方法（GMM)，考虑交易属性的信息性交易。

4. 信息与交易的日内特征

信息的持有可能会影响到交易者的日内投资策略，对持有信息的交易者其日内投资策略的研究显示在连续市场，信息性交易者将线性等速的释放个人信息。均衡时信息交易者依照市场的深度来追求利润最大的投资方式，其最优决策是将私有信息逐渐反映到价格上，用以维持市场深度的固定，且并不随着时间而改变，当交易结束时所有的私人信息都将反应在价格上(Kyle,1985)[2]。日内的交易量和价格形态变化主要由持有信息的交易者与流动性交易者交易的策略行为所造成(Admati and Pfleiderer, 1988)[36]；Easley,Kiefer 和 O'Hara (1997)[87]研究了日内交易者的大笔买单与大笔卖单的信息含量关系;伴随信息的流动性交易,可能会导致日内交易量的放大。持有信息的交易者出于信息或者流动性原因在市场进行交易:出于信息的交易是因为拥有资产的现金流信息;出于流动性的交易是因为私人投资机会的变化;非知情者仅仅出于流动性原因参与市场交易。由于非知情者不能识别知情者每次的交易动机,导致他们面临与知情交易者持有的私有信息进行交易的风险,当两种类型的投资者之间信息非对称程度增加时,非知情者面临的逆向选择问题将恶化,从而带来日内交易量的减少(Wang,1994)[95]。

非预期交易对价格的持续影响可用来测量非对称的信息，Hasbrouck (1991)[96]的研究认为非对称信息存在对流动性的反向影响，而交易活动的日内特征表明交易日内不同时期的价格包含了不同的信息，从而交易活跃的时间会反映更多的信息，对证券市场交易日内特征的研究也显得比较重要。实证研究中大多显示流动性的日内特征呈现出U型特征，如Admati和Pfleiderer(1988)[36]以及Jain和Ho Joh(1988)[97]的研究发现，日内交易活动（Trading Activity）呈现U形分布的特点，即每天在开盘附近和收盘附近交易行为活跃，而在中间的时段交易活动较低；Foster和Viswanathan (1993)[98]以及Lee，Mucklow和Ready(1993)[99]对NYSE的日内流动性模式进行研究，所得结果显示日内价差呈现U型变化，而市场深度呈反U型变化的结论；Ahn和Cheung(1999)[100]研究发现在不存在做市商的香港股票市场，买卖价差呈现U型的日内和周内模式，而深度则呈现反U型模式，结果与Lee，Mucklow和Ready(1993)[99]以及多伦多股票市场的研究(Minh T. Vo, 2007)[101]一致，买卖价差和深度呈现负相关；Visaltanachoti, Charoenwong和Ding(2008)[4]分析了SET中限价指令簿的特征，发现指令簿中买的一方呈现弱凸性，而在卖的一方呈现线性相关性。限价指令簿中流动性的日内分布形态，影响了交易者行为和流动性提供者的策略选择，而交易减少了信息非对称程度。

## 二、国内研究现状

### （一）基于信息的微观结构理论研究现状

市场微观结构理论（Market Microstructure）是研究金融市场中交易价格的形成和发现过程与交易过程内部运作机制的一个金融学分支，目前国内展开了一些有意义的研究，关于微观结构方面的研究比较集中在买卖价差的研究上，主要以买卖报价价差为基本研究对象展开，并考虑了在买卖价差形成过程中信息的作用。由于中国证券市场采用的是指令驱动的交易制度，股票交易中不存在做市商，由电脑主机撮合连续交易，从而买卖价差通常被界定为市场上未成交的有效委托的最低委卖价和最高委买价之差。

在买卖价差的研究中，主要有侧重于分析买卖价差的特征、决定因素和成因的研究(孙培源，施东晖，2002；屈文洲，吴世农，2002)[102, 103]，认为上海股市的买卖价差在总体上低于国外成熟市场，买卖价差在交易日内呈现“L”形变化趋势，而中国股市没有必要引入做市商制度，目前的交易机制较适合中国证券市场[102, 104]；在新兴市场中，以买卖价差衡量的流动性中，上海股票市场的流动性水平是最好的[104]，针对机构交易需求进行的研究同样显示其对国内股市流动性水平满意(黄峰，杨朝军，2007)[105]；

侧重于买卖价差的构成的研究，如分解为非对称信息成本和指令处理成本，并根据 Martinez 方法给出了流动性成本的事前测度方法，认为上海股市的相对流动性成本呈“*L*”形曲线(穆启国等，2004)[106, 107]；认为上海股市的逆向选择成本在买卖价差中占 62%，高于香港和东京的证券市场(雷觉铭等，2006)[108]；将买卖价差细化为信息不对称成分、指令处理成分和指令持续成分三种成分，研究认为指令处理成分在其中所占比例最大(65%)，且与市场流动性正相关(韩冬等，2006)[109]等。侧重于买卖价差的特征、决定因素及构成成分的研究是国内基于信息的微观结构理论研究的主要工作。

### (二) 市场流动性的研究现状

金融市场在微观结构上的差异将影响到交易资产的定价及投资者的预期收益，并由市场流动性的差异来传递，从而流动性在微观结构研究中处于重要的地位。随着中国证券市场的发展，对这个新兴市场流动性状况的研究，主要体现在通过对大量的日内数据分析，研究价差和深度的日内统计特征、市场结构因素对价差和深度的影响等方面。如对证券市场流动性的特征方面的综述(刘逖，2002；吴磊，陈日华，2005)[110, 111]等；侧重于市场流动性指标及动态的研究(杨朝军,张志鹏,廖士光,2008)[112]等;在流动性度量方面,目前国内常用的方法主要体现在从流动性的微观结构角度出发,单纯考虑流动性一个侧面或者综合多个不同维度来进行指标的构建及流动性的测度[113-117];在针对中国股票市场流动性特征及影响因素的研究中显示了流动性随时间变化的特征[118],进一步的研究大多显示了流动性周内和日内变化模式的存在,但针对变化模式的特征存在不同的结论:杨朝军等(2003)[119]的研究中显示了日内流动性逐时增加的特性;在杨之曙等(2003)[120]以深度表示的流动性日内和日际特征的研究中显示深度图形呈倒S形;而在房振明等(2005)[121]的研究中则显示了周内的U型模式及日内流动性的L型模式;宋逢明,谭慧(2005)[122]检验了中国股市中系统流动性的存在,并发现与美国和香港股市相比,中国股票市场存在着更为显著的系统流动性;部分重大的政策、事件和市场因素对整个市场流动性也将产生较为长远的影响[123]。

### (三)信息对流动性及投资者行为的影响

信息对流动性及投资者行为的影响,一直是金融市场微观结构方面研究的重点内容之一。在很多市场微观结构的理论模型中,都假设投资者拥有不同的信息:宋逢明(2002)[124]认为中国股票市场的交易量主要是由信息传导所造成,不同股票有不同的信息传导机制,这直接影响了股票的收益性、流动性,且机构投资者获取信息的能力明显占优,形成了非常明显的信息不对称现象;杨朝军等(2002)[125]对上海股市的实证研究发现除交易量、波动性和价格水平外,信息的非对称性是影响日内流动性水平的重要因素;同样对上海股市的研究中,施东晖、陈启欢(2004)[126]发现大户是最为知情的投资者,其交易行为影响了散户的交易决策;散户是噪音交易者,其频繁进行的大量交易为大户和机构投资者无偿提供了流动性;机构投资者不采用趋势交易策略,但其交易决策具有一定程度的羊群行为;根据流动性模式进行的交易拆分也将有助于降低机构投资者的大额交易成本[127];在从交易者行为角度理解市场流动性方面,宋玉涛、刘善存(2010)[128]研究了非知情交易者的决策问题,考虑了市场达到一般均衡状态的最优信息成本和市场流动性，但模型讨论的是做市商与交易者的博弈，适用于报价驱动市场。随着对投资者信息获取能力的改革及数据可获取性的提高，针对信息透明度的研究开始逐渐被引入，但对信息透明度的改善存在不同结论[129,130]，张胜记等(2005)[129]的研究认为其对市场质量无显著的影响，而董锋等(2006)[130]对深圳市场的研究则显示其改善了市场质量，提高了市场流动性；杨之曙等(2004)[131]采用 EKOP (1996) 模型估计了上海证券交易所股票的信息性交易风险，发现交易活跃的股票信息性交易概率较低；马黛等(2002)[132]认为稳定基金是一个信息交易者，建立模型来观察政府基金的动态，从资讯交易角度对稳定基金行为进行分析，研究干预的行为和影响；王春峰(2004, 2005)[133, 134]用交易规模和交易时期作为交易信息内容的度量，分析显示交易的价格和流动性效应与交易的信息内容显著相关。关于信息交易概率、流动性和波动性关系的回归模型显示中国股市信息交易概率与市场流动性正相关，与波动性负相关，坏消息对市场流动性的影响更大；刘元海、陈伟忠(2004)[135]以及王艳、杨忠直(2005)[136]也研究了股票市场信息交易概率的测定；刘元海、陈伟忠(2004)[135]构建了交易者序贯交易过程，借鉴报价市场的衡量方法考察中国股市知情交易概率；王艳、杨忠直(2005)[136]以 HST(2003)[74]的价格形成模型为基础，提出了信息交易概率估计方法，研究了中国证券市场中的信息交易概率问题，实证研究认为信息交易概率和买卖价差都呈现倒 J 型的日内形态，同样认为股票交易的活跃性会降低信息交易概率。

## 三、国内外研究现状评价

### （一）国外研究现状评价

市场微观结构是证券市场有效运作和功能发挥的基石所在，早期国外的研究比较多的集中于对交易系统设计特征的考虑上，即作为做市商的交易者的运作；目前的研究已经从原来主要研究供需随机特征相关的问题逐渐转化为更多的研究在市场机制设计方面有关信息作用的问题，即从原来的以存货模型为核心的架构发展为现在的以信息经济学和博弈论为核心的架构。特别是伴随着后危机时代对市场运行机制的关注，对投资者个体行为在不同市场条件下表现的研究更能反映出市场运行的实际状况。

在流动性相关的研究中，通常较多的关注证券价格形成过程中流动性的代价即交易成本，而对交易成本的研究奠定了微观结构理论研究的基础。早期的流动性研究侧重以市场的供给需求特征为基础，如完全信息交易的存货模型认为买入和卖出的不均衡导致的存货成本影响了市场流动性；伴随着交易数据的丰富，流动性在实证研究方面的蓬勃兴起，更多的研究开始侧重于信息在市场流动性的应用上。主要的研究集中在交易信息的揭示、投资者的交易行为等方面。但目前文献比较多的研究基于报价驱动的交易制度进行，在研究交易者的委托策略时，不可避免地涉及做市商的报价行为，或者也暗含了做市商进行市场协调提供流动性的假设；针对指令驱动市场的交易机制的设计、交易策略的制定、不同交易者的博弈、信息导入的过程和由此带来的一系列问题相关方面的研究相对较少。在相关投资者复原对应市场交易信息能力方面的研究上，以及对投资者委托行为的研究上，存在着流动性提供及时性的差异，从而使得在检验微观结构模型的有效性上，存在一定的制度差异。

针对指令驱动市场的研究方面，由于限价指令簿处于交易的中心地位，是交易的中心和价格的反应中枢，而价格的形成及买卖价差的变化都与交易者的指令选择息息相关，近年来开始有学者建议用限价指令簿增加市场流动性，进而对交易者委托策略及影响因素进行分析。目前在指令驱动的市场中，对交易者提交指令的可能性及之间的相互影响、交易者策略的描述、市场中限价单成交的动态行为等方面的研究相对较少；并且由于同时讨论不同类型交易者持有的信息、交易指令的成交状态与交易者行为往往是复杂的博弈过程，并将直接导致市场流动性的差异，目前国外的研究多侧重于单方向的博弈：考察做市商与知情者、做市商与不知情者之间的博弈。因此有必要在现有模型基础上，构建新的模型对交易指令成交的可能性、执行的阶段、相互间的动态影响及市场效应等问题进行综合研究。

### （二）国内研究现状评价

随着中国证券市场的健全和发展，国内关于市场微观结构理论的研究也逐渐兴起，现有的研究主要体现在对西方金融市场微观结构理论的引入，由于之前缺乏微观结构所需要的金融市场高频交易数据，根据中国证券市场结构特点和交易数据进行的实证及理论研究相对较少。近年来随着交易数据的丰富，相关的实证研究开始有所增长，并取得了一定的研究成果。

目前国内学者较多的关注于买卖价差的研究上，对市场流动性的研究也以买卖报价价差为基本研究对象展开为主，侧重于买卖价差的日内统计特征、决定因素及构成成分分析的研究仍是我国学者的主要工作。通过选择不同的流动性度量方法，衡量价差和深度的统计特征，检验中国股市中系统流动性的存在，并显示信息的非对称性是影响日内流动性水平的重要因素，投资者的交易决策具有一定程度的羊群行为，等等。

通过对国内外的文献分析，可以看出：

一方面，相关报价驱动市场的研究极为丰富。国外在报价驱动市场中微观结构理论研究方面已经开展得较为深入，而大量高频交易数据的可获取性，为我国市场从事实证研究提供了丰富的数据。

另一方面，在研究交易者委托策略的时候，大多涉及做市商的报价行为，通过现状分析可以看出，国内关于证券市场流动性的研究较多的套用报价驱动的研究方法，比如对投资者策略的研究上，较多的暗含了做市商进行协调提供流动性的假设，较少关注到指令驱动市场中不同交易者的委托博弈及信息导入的过程和由此带来的一系列问题，而由于交易机制方面的差异，实际的交易情况并非如此，从而可能导致研究结果的差异，这恰是该方向研究亟待突破的方向。尚需从投资者的个体角度，考虑买卖委托的性质，对股票市场流动性的微观形成机制进行深入研究。

目前，中国的证券市场是新兴的纯粹指令驱动市场，与其他指令驱动市场相比也存在一定的交易机制差异，例如存在价格涨跌幅限制，不存在隐藏指令，买卖报价仅通过公开指令来提供等。在交易过程中，由于信息在决定市场参与者采用创造还是吸收流动性的行为和策略方面扮演了重要角色，价格的形成及买卖价差都与交易者的指令选择密切相关，但是在基于公开信息的模型当中，关于交易者不同质是如何影响流动性的经济分析，还缺乏深入的研究，而考察不同信息交易者之间的投资策略，以及由此引起的交易者相互影响和学习过程是理解微观结构的基础，虽然部分计量模型描述了较多的市场流动性特征，但是缺少基本的经济解释，市场政策的制定也相对缺乏对市场整体流动性、异质信息等现状深入了解的基础性支持。同时由于交易机制、历史文化、人们投资观念等差异的影响使得相关的研究与国外成熟证券市场的研究相比有着本质的区别，因此有必要对这个新兴市场的指令行为和流动性进行进一步研究，借鉴已有的研究成果，致力于了解中国股市的内在运作机制，从而为交易体制改革、监管政策制定等提供一定指导，并有利于投资者制定有效的交易策略。

## 第三节　研究内容

由于中国采用的市场机制不同于国外大多文献研究的报价驱动的市场机制，对于国外现有文献的理论和方法大多只能借鉴而不能直接采用，国内建立在指令驱动市场的流动性研究尚不成体系，随着中国新兴指令驱动市场的发展，基于交易者行为的市场流动性研究还存在诸多可扩展和需要补充的方向，因此有必要对此进一步剖析。主要研究内容包括如下四个方面：

1. 异质信息交易者委托单提交策略选择模型

交易者的指令选择类型是其交易策略在交易市场中最直接的体现，交易者所持信息的差异导致了委托单间的博弈，而委托单间的博弈引致了市场流动性的变化，这是研究的起点。该部分研究内容主要包括：考察交易者类型、进入市场的可能性、可能的指令选择方式以及可选择指令在指令簿中的状态，这是进行策略选择的基础；并构建多阶段的指令驱动市场交易者委托单策略选择模型，对不同类型投资者的预期及流动性需求差异、指令执行阶段、操作方向及已达成交易反馈等相互影响进行分析；在此基础上分析交易者指令提交选择的市场流动性效应。

2. 基于交易者委托单不平衡的市场流动性研究

市场上的交易活动产生于交易者的委托，交易者在流动性约束下对信息变动不同程度的敏感性导致了委托的差异，委托单不平衡将比单方向交易量传递更多的信息，帮助投资者推断之前对它们未知的信息，调整委托单提交策略，从而影响了市场中资产的供给和需求。该部分研究内容主要包括：分析买卖委托单不平衡的内涵；构建委托单不平衡不同状态下的衡量方法；通过信息的分析及采用来自证券市场的委托数据研究基于委托单不平衡的股票收益率、流动性和交易规模之间的关系，理解交易者的委托行为，以降低极端失衡事件出现概率。

3. 基于交易者委托单策略选择和失衡的信息交易概率的测定

投资者的交易过程从对信息的获取开始，区分指令簿中来自不同委托单提交者的信息差异，对于随后到达的交易者的投资行为具有重要参考价值，该部分研究内容主要包括：结合研究内容1、2中对投资者策略选择行为的分析，考虑其遵循的学习过程，识别信息性交易；测定指令驱动市场信息性交易概率并求解信息性交易概率的估计方式；利用日内交易数据估计股票日内信息性交易概率，评估其日内特征；将市场信息交易概率的估计方法和投资者的交易动机、市场特征等结合分析，并对其进行实证检验。

4. 基于交易信息透明度改变的市场流动性研究

交易过程中信息透明度直接决定了信息交易的精准性，信息透明度在委托单流可见性上扮演了重要角色，很大程度上影响了市场参与者的交易战略、收益及市场流动性。该部分研究内容主要包括：从考察交易透明度的内涵出发，在研究内容3基础上，分析不同交易相对位置的透明度信息；在此基础上研究透明度改变对市场流动性日内效应的影响，捕捉委托单对交易信息透明度变化的相依程度；用证券交易所交易的买卖行情的实时揭示制度的改变进行实证检验；研究信息不对称导致的信息交易如何通过信息的披露合理规避，以应对投资者策略选择的过度反应，改善市场效率。

## 第四节 研究方法及技术路线

本文主要采用理论研究和实证分析相结合，信息论、行为金融和微观结构研究相结合，国际研究与中国特点相结合的方法。为有效指导交易者指令行为，建立公平、效率、流动性良好的市场提供理论基础。具体来说，主要研究方法和研究技术路线如下：

首先，在对指令驱动市场流动性特性分析基础上，应用博弈模拟及均衡理论，结合中国国情，构建指令驱动市场交易机制下异质信息交易者委托单提交策略模型，研究委托单行为，从交易者策略选择角度考察市场流动性效应；其次，研究投资者依据信息调整委托单策略导致的买卖委托不平衡问题，建立因素分析模型，并利用平稳性检验、时间序列分析等方法分析检验委托单不平衡与收益率、流动性、交易规模的关系，以更好地指导投资者基于不平衡交易策略获利；进一步测算在交易者委托行为和委托失衡中所涉及的市场上股票交易信息的非对称程度，即信息性交易概率，识别投资者的委托学习过程，模拟随机的委托行为，设计适合的信息性交易概率的测算方法；进而对市场上交易信息的揭示程度——交易透明度进行研究，研究交易者的委托行为对透明度的相依程度，对市场日内流动性效应的影响，采用中国证券市场高频交易数据进行实证检验。

结合主要研究内容，论文研究技术路线如图 1－1 所示：

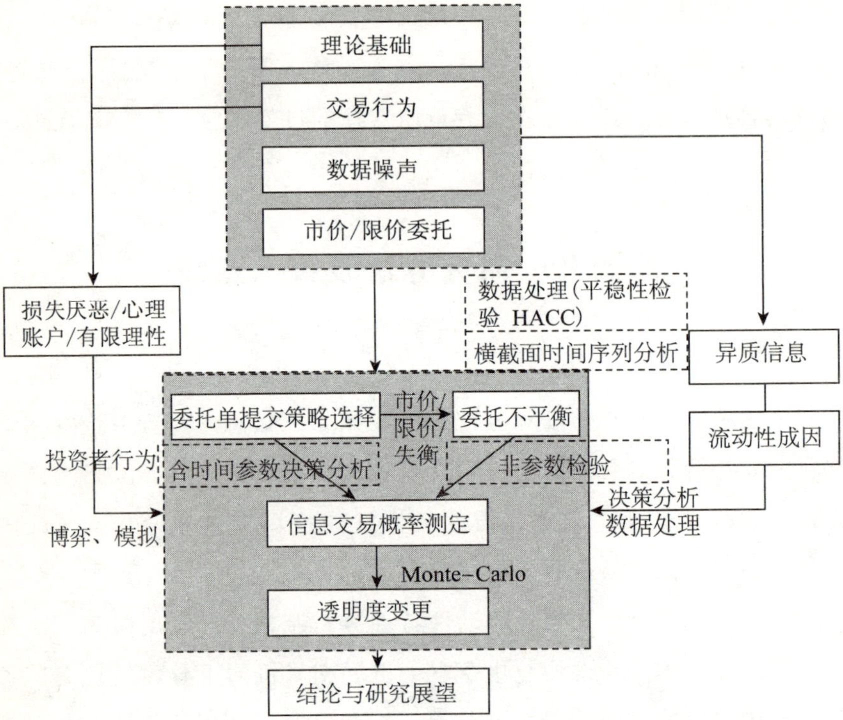


**图 1－1　论文技术路线图**

**Figure1 －1　Technology roadmap of the paper**

第二章

# 异质信息指令驱动市场流动性研究的理论基础

## 第一节 异质信息内涵界定

信息具有多种含义，从不同的维度上包含了信息的产生、传播、信息结构及信息的披露。诺贝尔经济学奖获得者 Kenneth J. Arrow 曾指出，所谓信息就是根据条件概率原则能有效地改变后验概率的任何可观察的结果。因此，根据已有信息可修正对事件发生可能性的后验预期。理性的投资者在掌握交易相关的某一信息后，根据其先验概率并按照一定的规则，通常采用“贝叶斯法则”来更新自己的交易期望，形成后验预期。

在金融市场中，交易信息包含了交易过程中所累积和增加的交易相关的存量信息和增量信息，通常与交易过程的较高层次密切相关，市场参与者交易效率的提高意味着交易信息的存在。在不同市场微观结构下，信息有着不同的精准度，包含了信息的存在性、准确性、交易信息的组成、能够观察到的知情交易者的比例分布等方面的内容。Hayek(1937)[137]认为投资者的决策基于所获得的信息，投资决策的成果取决于决策者所掌握并利用的信息的完整性与准确性，因此信息与资产价格的形成密不可分。人们对信息识别的不同产生了噪声交易，从而对于客观上并无益处的交易，大多是基于噪声而进行交易的投资者将噪声当作了信息使用(Black, 1986)[138]。

理论上，在一个有效的证券市场上，所有的信息应该能够准确及时地传递给所有的投资者，即信息具有同质性特征。当市场中行为人具有同质信息时，行为人是理性的价格接受者，但无法从资产价格中识别有关周围不确定性信息的任何内容。同质性的共同信息要求交易者对自然状态空间有着相同的概率估计，在此假定下，交易者后验预期的不同完全取决于交易者收到的信息的差异，金融经济学中大多数模型都有这样的假设，它规避了异质信息存在时市场信息的集聚问题，从而可能导致市场某些情况下的无交易现象，单纯的信息差异不足以引发理性交易者的交易行为(Milgrom and Stockey, 1982)[139]，且在同质性共同信息先验概率下，信息差异不足以引起理性交易者的后验预期差异(Aumann, 1976)[140]。

Pasquariello(2007)[141]指出信息异质性是“在拥有的私有信息上显著的和持久的不同”。信息的内容、信息的持续期、信息的精度、信息的结构及信息的价值等均存在差异，且在实际交易过程中并不是所有的投资者都能及时公平地得到所有的信息，现实金融市场的非同质特性也决定了不同投资者信息的占有程度和信息的处理能力存在着较大差异。拥有私人信息、私人信息的质量差异以及投资者的文化背景、自身的收入、偏好、身份、风险容忍度等的差异也会造成对交易信息理解和接受程度的不同，从而造成信息的非同质现象。同时，在交易过程中持有信息的交易者对于交易机会也会有不同的概率估计，这时的信息就是非对称的。Akerlof (1970)[142]首先提出了信息不对称理论，认为存在于交易双方之间不对称分布的相关信息对于交易行为将产生重要的影响。交易信息在交易双方之间分布不对称是指部分市场参与者相比其他交易者而言能够获知更多、更及时的关于交易资产的相关信息，或者因为获取与其他交易者相同信息的搜索成本过高。信息不对称可能促发信息劣势方的“逆向选择”行为以及信息优势方的“道德风险”，2001 年诺贝尔经济学奖获得者 Michael Spence 指出，当一个市场信息的数量与完整性缺乏时，或者信息的质量（有效性及真实性）存在问题时，将导致非有效的市场。在信息不对称的环境下，部分市场参与者能够通过观测已有的成交价格对其他参与者持有的私人信息进行推测，而这种对资产价格变动的观测将导致未知情交易者能够从持有私有信息的交易者处获取相关的信息，因此价格导致了私有信息的传递，而不是信息的汇总。但通常价格是私有信息的一个噪声信号，由私有信息所引起的价格变化向未知情交易者揭示了信息，更新了其对交易机会的概率估计，但通常市场参与者却只能推断出由非对称信息或不同信息所引起的价格效应而无法推断出真实的交易信息。

## 第二节　流动性的提供机制

流动性的概念广泛地应用于金融市场领域，是市场中投资者为了获取利益响应其他投资者的交易需求进行交易时所提供的，在此过程中金融市场交易机制的重要功能是将投资者的潜在交易需求转化为现实的已实现交易。在经历了全球股市几次重大的危机之后，人们开始认识到由于市场交易机制带来的市场功能的紊乱会加剧市场危机，引起市场流动性的剧烈变化，从而导致了市场的剧烈震荡。

不同的市场交易结构，所允许的交易者委托单类型，涉及的交易信息披露，交易时间的限制等皆不尽相同。资产的价格发现过程不同，流动性的提供机制也不同。在交易市场中，通常流动性由活跃的投资者发起的交易所引起，在交易过程中充当流动性提供者的包括进行交易的单个或机构投资者，以及提供报价的做市商。依据流动性提供机制的不同，证券市场通常可分为报价驱动市场（Quote-Driven Market）、指令驱动市场（Order-Driven Market）以及混合市场机制（Hybrid Mechanism）三种形式。

报价驱动市场中由具备相应能力和信誉的证券机构充当做市商，其用所持有的资金和股票在规定的交易日连续供给卖价（卖出委托者）和买价

（买入委托者），提供交易者在给定价格上成交的市价委托。报价驱动市场的特点主要体现在：①证券交易中所涉及的买卖报价均由做市商给出。整个交易过程中，证券买卖双方并不直接成交，投资人在进行交易委托之前已获知做市商的相关报价，做市商在其报价上接受投资者的买卖委托，以自有证券或资金与投资者进行交易，交易者按照做市商提供的买卖报价的某一价格与其成交，从而成交价格的产生相对于交易系统来说是外生的；②市场中由做市商来提供流动性，做市商有维持市场流动性的义务，市场流动性特点在于交易的及时性；③具有较强的处理大宗交易的能力，但做市商由于担心大宗交易所产生的价格波动效应，通常会选择推迟交易信息的公布，从而使得市场相对缺乏交易透明度；④买卖报价差额是做市商主要的收益来源，通过价差弥补提供流动性过程中涉及的存货、逆向选择及订单执行等成本并获取收益，而逆向选择成本使得做市商的买卖价差具有了信息性。

指令驱动市场亦称为竞价市场（Auction Market），投资人依据市场上交易信息对未来价格进行预期并提交指令。其特点主要体现在：①交易中所涉及的报价由买卖双方直接给出并进行交易或提交指令委托给代理经纪商，由其将指令提交给市场；指令顺序的进入指令簿中，将遵循时间优先和价格优先原则进行匹配，获取成交价格，达成交易；②市场中的限价指令簿汇集了所有投资者的委托单，为投资者提供了更多的委托信息，价格的形成产生于交易系统内部；③市场的流动性主要通过投资者的买卖委托来提供；④市场买卖价差主要是由投资者之间博弈形成，没有专门的做市商，从而不存在做市商的存货成本和做市成本，买卖价差应该主要反映信息效应。

中国的证券市场是指令驱动型市场，市场中流动性依赖于投资者提交的委托深度，而投资者买卖委托的不平衡将导致部分委托单面临着当期不能执行的风险，其未成交及修改、撤销的指令委托将为下一个时期的交易提供流动性，因此选择何时以何种指令方式进行交易的投资者的交易策略将决定着市场的流动性。而投资者的择时策略又很大程度上取决于成交机制。目前中国指令驱动证券市场存在连续竞价交易（Continuous Auction）和定期或集合竞价交易（Periodic Auction）两种交易方式。其中交易日的开盘价格由集合竞价方式产生，在设定的集合竞价期间，证券的交易非连续进行，交易系统将投资者在不同时点的买卖委托进行收集和累积存储，在接受委托时间结束后的预定时间内对所有投资者的买卖需求进行一次集中撮合，形成统一的成交价格。产生成交价格的原则遵循成交量最大、最大化出清该成交价位上的市场净委托为原则，促使等于或优于成交价格的委托得以最大执行，是在一个成交价格上发生一系列多边的买卖交易。上海和深圳证券交易所交易日开盘后即进入连续竞价交易模式，连续竞价期间，投资者在市场上可进行连续交易，只要投资者提交的委托得以匹配交易就可以达成，不需要在系统中等待时间，即买卖双方委托单进入市场，可以在交易时间内的任何时间点对投资者的买卖委托进行撮合，其得以进行的基础在于投资者的大量报价之间的匹配，市场参与者在不同价格上存在双边买卖成交、而成交价格不同。

混合市场机制即市场中既存在着在为市场提供买卖报价从而提供流动性的指定的做市商，又允许投资者提交限价指令为市场提供流动性。随着交易品种的扩大和交易所竞争的需求，目前越来越多的证券交易所并不采用单一的做市商或者指令驱动市场，通常根据自身的市场状况，采用不同程度的混合交易机制，诸如纽约泛欧证券交易所是存在做市商交易的指令驱动市场，混合交易机制同时具有报价市场和指令驱动市场的特征，限价指令系统和做市商同时存在，为市场提供流动性。

**表 2-1 主要证券交易所的流动性提供机制**

**Table 2-1 The liquidity supplying mechanism of main stock exchange**

| 流动性提供机制 | 流动性来源 | 价格形成 | 主要证券交易所 |
|---|---|---|---|
| 报价驱动 | 做市商 | 做市商给定 | 纳斯达克、芝加哥期权交易所、马来西亚证券交易所、孟买证券交易所 |

续表（2-1）

| 流动性提供机制 | 流动性来源 | 价格形成 | 主要证券交易所 |
|---|---|---|---|
| 指令驱动 | 限价委托投资者 | 集合/连续竞价 | 上海/深圳证券交易所、澳大利亚证券交易所、印度国家证券交易所、新加坡证券交易所 |
| 混合交易 | 做市商及限价委托者 | 做市商及竞价共存 | 纽约泛欧交易所、德意志证券交易所、东京证券交易所、伦敦证券交易所、香港交易所、多伦多证券交易所、巴黎证券交易所 |

## 第三节　流动性的微观结构模型

流动性是金融市场微观结构的一个重要方面，在交易中市场微观结构理论用于检验投资者委托单产生、到达并转化为交易的过程，同时考虑了市场参与者的行为，主要功能是价格的发现，而价格的影响是流动性问题的实质所在，因此市场微观结构理论是流动性研究的基础。

在流动性发展的第一阶段，微观结构模型主要是存货模型，存货理论认为流动性风险主要来自于做市商所面临的存货成本，对于流动性的研究主要集中在买卖价差上，认为报价价差是由于做市商控制存货水平变化引起的。存货模型主要有 Garman（1976）[14]模型及随后的 Amihud – Mendelson（1988）[3]模型、Stroll（1978）[16]模型和 Ho-Stroll（1981）[17]的模型等。Garman（1976）首先提出了做市商的存货模型，假定市场委托的到达方式和做市商的行为，研究了价差产生的原因。做市商不存在执行费用，寻求每单位时间内交易预期盈余的最大化以避免破产，对应的 $t$ 时刻做市商持有的动态存货依赖于委托单的到达速度，可近似看做做市商定价策略的函数。如果初始的现金存货较做市商交易前设定的买卖报价来说足够大，现金存货的动态方程可近似表示为生存过程，根据交易随机过程中暗含的马尔科夫过程的无后效性原理，获取做市商耗费资产而破产的概率：

$$\lim_{t \to \infty} Q_0(t) \approx \begin{cases} \{[p_S\lambda_S(p_S)]/[p_B\lambda_B(p_B)]\}^{\frac{Ic(0)}{\bar{p}}}, p_B\lambda_B(p_B) > p_S\lambda_S(p_S) \\ 1, else \end{cases} \tag{2-1}$$

式中 $Q_0$（$t$）——在 $t$ 时刻做市商持有的现金为 0 的概率；

$\lambda_B$（$p$）——在时间上服从泊松分布的买单到达市场速率；

$\lambda_S$（$p$）——在时间上服从泊松分布的卖单到达市场速率；

$p_B$——做市商在在交易开始前设定的买入报价；

$p_S$——做市商在在交易开始前设定的卖出报价；

其中，$\bar{p}$满足 $p_B > \bar{p} > p_S$，类似的可获取持有股票为 0 的近似表达式，从而获取做市商为避免破产的报价策略需要满足的条件：

$$p_B\lambda_B(p_B) > p_S\lambda_S(p_S), \ \lambda_S(p_S) > \lambda_B(p_B) \tag{2-2}$$

Garman 模型是在风险中性的前提下考虑做市商行为对市场流动性影响，做市商通过设定不同的买卖价格且卖出报价高于买入报价，在避免破产发生的同时实现自身收益的最大化。做市商的买卖报价策略显著的影响了市场流动性，为从存货成本考虑市场流动性奠定了理论基础，以后的模型均在此模型中改进和发展起来。

存货模型隐含的假设认为交易成本决定买卖价差，从而决定市场流动性，但在实际的金融市场交易中存货模型对价格行为及流动性的解释能力有限，从 Bagehot(1971)[19]开始，研究者们开始用信息解释。信息模型认为交易将揭示资产内在价值，价差的产生不是因为存货成本的存在，而是因为信息不对称，因此即使在做市商的所有固定和可变交易成本（包括时间、存货成本等）都为零，且完全竞争的市场中价差依然会存在。与存货理论相比，信息模型丰富了对市场流动性的理解，考虑了市场流动性的动态性以及不同交易者潜在的交易策略。早期的信息模型主要有交易成本模型（Copeland and Galai，1983）[24]、序贯交易模型（Glosten and Milgrom，1985；Grossman and Miller，1988；Easley and O'Hara，1987）[20, 23, 86]等。Glosten-Milgrom 模型是早期比较有代表性的流动性市场微观结构模型，模型中对 Copland 和 Galai(1983)[24]给出的研究结果进行了重新表述和总结，从假定私有信息在每次交易后即公开(Copeland and Galai, 1983)[24]修正为允许信息在公开从而消除不同交易者信息差别之前，交易可持续地进行，(Glosten and Milgrom, 1985)[20]，他们提出的信息交易模型首先引入了做市商的学习机制，是一个序贯交易，通过考察委托单与做市商的买卖报价之间的动态关系研究市场流动性的提供，模型所做基本假设如下：

①市场是纯粹的报价驱动市场，所有市场参与者是风险中性的，不存在交易成本（固定成本和可变成本），做市商是竞争性的，在每轮交易中，做市商的预期利润为零，这暗含了做市商不存在现金和股票交易短缺且存货持有成本为零的假设；

②所有的订单均是市价订单；

③交易者的买入与卖出股票限制为一个报价单位；

④在某个固定时点上，只允许一个交易到达；

⑤存在信息交易者和纯粹流动性交易者，在未来某个时点 $T_0$，股票具有随机价值 $V$，市场参与者对股票 $x$ 和消费 $c$ 随机效用为 $\rho_x V + c$，其中 $\rho$ 为个人投资者效用函数参数，对于做市商标准化 $\rho = 1$。

给定时刻 $t$ 的卖出价格 $A$ 和买入价格 $B$，此时到达的投资者最优决策：

$Z_t > A$——买入股票；

$Z_t < B$——卖出股票；

$$Z_t = \rho_t E[V|F_t] = \rho_t (1 - U_t) E[V|H_t, J_t, A, B] + \rho_t U_t E[V|H_t, A, B] \quad (2-3)$$

式中 $H_t$——截至 $t$ 时刻公开可得信息；

$J_t$——$t$ 时刻到达的信息交易者私有信息；

$F_t$——$t$ 时刻包含买卖价格所传递信息的所有公开可得信息；

$S_t$——$t$ 时刻做市商的可得信息；

$U_t$——$t$ 时刻非信息交易者到达为 1，否则为 0。

获取 $t$ 时刻做市商的期望收益：

$$E[(A - V) I_{\{Zt > A\}} + (V - B) I_{\{Zt < B\}} | S_t] \quad (2-4)$$

式（2-4）中 $I\{Z_t > A\}$ 及 $I\{Z_t < B\}$ 为特征函数，如果对应事件发生，则其值为 1，否则为 0；式（2-4）可进一步表示为：

$$(A - E[V|S_t, Zt > A])P\{Zt > A|S_t\} - (B - E[V|S_t, Zt < B])P\{Zt < B|St\} \quad (2-5)$$

为满足竞争性做市商在每轮交易中零预期收益的原假设，则时刻 $t$ 做市商的买卖报价满足：

$$A_t(\omega) = E[V|S_t, Z_t > A_t(\omega)](\omega) \quad (2-6)$$

$$B_t(\omega) = E[V|S_t, Z_t < B_t(\omega)](\omega) \quad (2-7)$$

在此环境下，若 $S_t$ 较好的隔离了信息性交易者的信息，则 $A_t$，$B_t$ 均将等于给定信息 $S_t$ 下 $V$ 的条件均值；若 $S_t = H_t$，则 $A_t$ 和 $B_t$ 可表示为：

$$A_t = \inf\{a: a \geqslant E[V|H_t, Z_t > a]\} \quad (2-8)$$

$$B_t = \sup\{b: b < E[V|H_t, Z_t < b]\} \quad (2-9)$$

市场均衡时，做市商的买卖价格是对 $V$ 的修正期望，市场上的价差及流动性的来源就在于 $V$ 的期望严格的界于做市商的买卖价格之间即：$A_t \geqslant E_t[V] \geqslant B_t$，且在满足式（2-10）及（2-11）时，$A_t > E_t[V] > B_t$。

$$P\{Z_t > E_t[V], E_t[V|F_t] > E_t[V]\} > 0 \quad (2-10)$$

$$P\{Z_t < E_t[V], E_t[V|F_t] < E_t[V]\} > 0 \quad (2-11)$$

该模型显示了证券市场中，买卖价差的存在取决于诸如交易者的到达模式、流动性交易者的供求关系、信息性交易者的信息等很多市场参数，交易的价格也提供了信息，做市商根据观察到的市场信息不断调节买卖报价为市场提供流动性。

在此基础上，Easley，Kiefer，O’Hara 和 Papeiman(1996)[35] 首次提出了一个报价驱动市场中衡量买卖价差及直接估计信息性交易概率的模型，EKOP（1996）模型的基本思想来源于上述做市商的序贯交易，考虑基于信息的交易理论是否能解释所观察到的活跃及非频繁交易的股票价差的差异。从做市商知识及市场观念角度分析整个市场的信息性交易概率。模型所做基本假设为：

①市场包含一个风险中性的竞争性的做市商及潜在的信息性及非信息性交易者。

②每个交易日时间连续。

③交易者在 $i$ 个交易日内与做市商交易一个风险性资产及现金。

④做市商在任何时候均依据买卖价格与交易者进行交易。

⑤每个交易日前，自然决定与资产价值相关信息事件发生概率且彼此独立，信息事件好消息概率 $\delta$，坏消息 $1-\delta$。

⑥信息会完全反映到当日资产价值上，不会继续影响隔日的资产价值。

⑦每日交易结束后资产价值 $V_i$ 为随机数，好消息日资产价值为 $\overline{V}i$，没消息日 $V_i^*$，坏消息日 $\underline{V}_i$。

⑧交易日订单到达服从 Poisson 分布且彼此独立。

⑨非信息性交易者买卖单到达率 $\varepsilon_b$ 和 $\varepsilon_s$。

⑩所有信息性交易者风险中性，好消息买入，坏消息卖出，信息性交易者到达率 $\mu$，获取一个交易日的交易过程树状图：

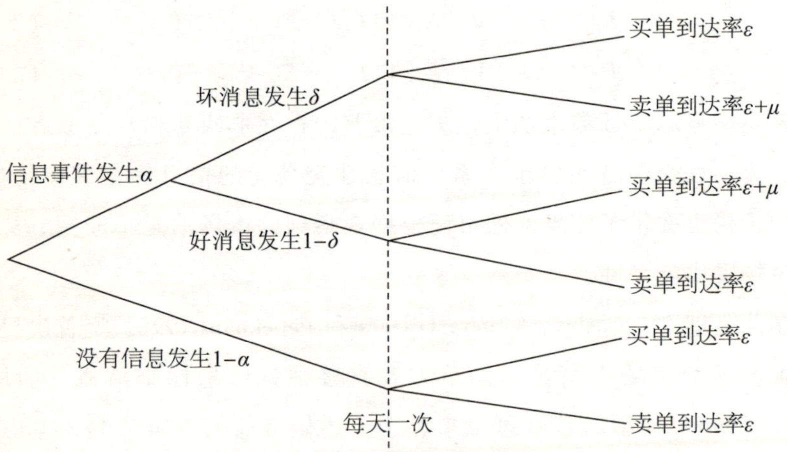


**图 2-1　交易过程树图**

**Figure 2-1　Figure of tree diagram of the trading process**

依据贝叶斯法则对 $t$ 时刻发生事件的认知更新，获取事件发生概率及对应买卖价格，通过对做市商期望价值的均衡分析，获取市场上 $t$ 时刻的买卖价差：

$$a(t)-b(t)=\sum(t)=\frac{\mu P_g(t)}{\varepsilon+\mu P_g(t)}(\overline{V}_i-E[V_i|t])+\frac{\mu P_b(t)}{\varepsilon+\mu P_b(t)}(E[V_i|t]-\underline{V}_i) \quad (2-12)$$

式中 $P(t)=(Pn(t),Pg(t),P_b(t))$——做市商在 $t$ 时刻没有消息及好坏消息时的先验信念；

$S_t$——股票卖出事件；

$B_t$——股票买入事件；

$a$（$t$）——股票卖出价格；

$b$（$t$）——股票买入价格。

对应报价市场中信息性交易的概率为：

$$PI(t)=\frac{\mu(1-P_n(t))}{\mu(1-Pn(t))+2\varepsilon} \quad (2-13)$$

进而可以用最大似然函数（Maximum Likelihood Estimation：MLE）进行参数 $\theta=(\alpha,\delta,\varepsilon,\mu)$ 的估计获取结果。EKOP（1996）模型在衡量价差和估计信息性交易概率方面考虑了信息差异的定量度量，对信息在流动性方面的研究具有一定影响。

# 第四节　流动性的度量方法及影响因素

## 一、流动性的度量方法

交易者对市场流动性具有不同程度的认知和反应，但并不一定有非常严格的定义，通常流动性包含了以较低的费用无风险的吸收大量委托的能力、及时交易的能力与不变价格交易的能力，因此流动性取决于市场的交易规则、参与者及市场的交易行为，而这些正是市场微观结构理论的研究所在。在微观结构研究中，通常从四个角度来描述市场流动性：宽度

(Width)、深度(Depth)、即时性(Immediacy)和弹性(Resiliency)。Harris(1990)[143]认为一个流动性较好的市场是即时的、较高深度和弹性、可忽略宽度的市场，即：

$$Liquidity = f(Width, Depth, Immediacy, Resiliency) \tag{2-14}$$

其中，$\frac{\partial Liquidity}{\partial Width}<0$，$\frac{\partial Liquidity}{\partial Depth}>0$，$\frac{\partial Liquidity}{\partial Immediacy}<0$，$\frac{\partial Liquidity}{\partial Resiliency}>0$。

式中 *Width*——交易价格偏离市场有效价格的程度；

*Depth*——资产价格变动一定幅度委托单流量所需要的变化量；

*Immediacy*——交易达成所需要的时间；

*Resiliency*——交易产生的价格波动恢复的速度。

宽度指短期内买卖价格偏离的程度，衡量交易中涉及的交易成本；深度是资产在当前或接近当前的特定价格水平上的可交易数量(Anderson, Cooper and Prevost, 2006)[144]，通常指最优买卖委托数量，对应委托数量越多，市场越有深度，反之则市场缺乏深度。深度指标用来衡量市场的价格稳定程度，反映了在市场交易价格没有大幅变化时，市场吸收大额委托单的能力；交易即时性前提是保证其获取的交易成本尽可能小（当然若投资者愿意接受较差的价格，即时性可立即获取），在流动性好的市场上，投资者的买卖意愿可以得到立即满足的能力；弹性是促使一定数量交易导致的价格偏离调整至均衡价格的速度。市场弹性越好，价格偏离价值后调整的速度越快；相应地，两次委托之间的价差越小，则返回原来价格需要的时间越短，市场弹性越好。

随着微观结构理论的发展，金融市场上基于流动性的基本特征存在许多衡量流动性的方法，学术界对如何度量和理解流动性尚缺乏一致的标准，目前不存在哪个流动性的衡量方法是最优的，主要的认识和描述方法体现在以下几个方面：

### （一）从交易费用方面度量流动性

基于交易费用的流动性度量方法是从流动性的宽度角度演变而来的，主要用于体现流动性以较低的费用进行交易的能力，主要的交易费用指标是买卖价差（Bid-Ask Spread），以买卖价差为基本思想的流动性衡量方法是本文研究指令驱动的中国证券市场交易者策略和市场流动性主要采用的方法。

1. 买卖价差

以买卖价差作为衡量流动性的指标是应用最广泛的方法，它反映了来自于订单处理过程的即时交易费用、存货成本以及流动性提供者所面临的逆向选择。买卖价差的流动性衡量方法主要基于流动性的宽度特征，自Demsetz(1968)[12]开始，买卖价差作为衡量流动性的指标开始为研究者所采用，其关于流动性的定义表明在一个深度越大的市场，买卖价差越小，也即流动性提供者所需补偿越低，投资人的交易成本也越低，市场的流动性越好。

市场中的买卖价差是投资者愿意卖出证券的价格与买入证券的价格之间的差异，大多数早期文献关于价差的研究定位于报价驱动的市场，价差的大小直接反映了投资者追求立即交易时所需支付的费用，价差越大说明即时交易费用越高，市场流动性越差。在指令驱动的证券市场中，买卖价差的研究通常用指令簿中未成交的委托单最低卖价与最高买价差额来进行衡量。

随着微观结构理论的发展，绝对买卖价差、相对买卖价差等修正后价差也逐渐在研究中被采用。其中绝对买卖价差是计算买卖价差的绝对值，相对买卖价差通常用绝对买卖价差相对于买卖报价的中点比率计算，有效价差是订单执行价格和订单到达时买卖报价中点的差值。

$$Spread = P_{ask} - P_{bid} \tag{2-15}$$

$$PS = (P_{ask} - P_{bid})/[(P_{ask} + P_{bid})/2] \tag{2-16}$$

$$ES = P_t - (P_{ask} + P_{bid})/2 \tag{2-17}$$

式中 $Spread$——证券买卖价差；

$PS$——相对买卖价差；

$ES$——有效买卖价差；

$P_{ask}$——证券最低卖出价格；

$P_{bid}$——证券最高买入价格；

$P_t$——订单的执行价格。

在指令驱动的中国证券市场，由于市场上的交易仅在投资者提交的买（卖）价或者提交的卖（买）价处成交，从而绝对买卖价差与有效价差之间在本质上并无差异。

相对于一般买卖价差的计算，Roll(1984)[145]认为有效市场中，由于价差的存在可能使得相邻两期价格变动存在着共同的趋势，因此推导出相邻两期价格变动间的负相关性，用协方差衡量价格变动量之间的协变程度，据此给出价差的估计模型

$$S_t = \sqrt{-\mathrm{Cov}(\Delta P_t \cdot \Delta P_{t-1})}/2 \tag{2-18}$$

式中 $S_t$——第 $t$ 期的估计价差；

$\Delta P_t$——第 $t$ 期的价格变动量；

$\Delta P_{t-1}$——第 $t-1$ 期价格的变化。

由 Roll 的价差估计模型可知，价格共同变化度越大，估计价差越大。该模型的价差估计推导是基于成交价格为做市商报价给出的某一买卖价格的报价驱动市场机制，对指令驱动市场未必适用，同时对于价格变动的一阶自相关大于零时价差的估计也无法定义。

买卖价差作为流动性的一个基础指标受到广泛的应用，但 Hasbrouck (1991)[96]认为以买卖价差做为流动性指标相对缺乏对市场深度的考察，对不同报价下的成交量信息的反应不足，对于具有较大价格波动幅度或高股价的股票而言，买卖报价价差通常较大，但不一定具有较低的流动性。

2. 交易费用模型

Glosten 和 Harris(1988)[146]以及 Brennan 和 Subrahmanyam(1996)[147]给出的基于交易费用的流动性衡量模型类似，分别如下所示：

$$\Delta P_t = \varphi(D_t - D_{t-1}) + \lambda Q_t + e_t \tag{2-19}$$

$$\begin{cases} Q_t = \alpha_q + \sum_{j=1}^{5} \beta_j \Delta P_{t-j} + \sum_{j=1}^{5} \gamma_j Q_{t-j} + \tau_t \\ \Delta P_t = \alpha_q + \varphi(D_t - D_{t-1}) + \lambda \tau_t + v_t \end{cases} \tag{2-20}$$

式中 $\Delta P_t$——第 $t$ 次交易中执行价格的改变；

$D_t$——虚拟变量，显示了在时间 $t$ 到来的订单流方向，+1 为买方发起交易，-1 为卖方发起交易；

$Q_t$——价格变化对应的含有买卖方向的第 $t$ 笔交易量；

$e_t$——公开信息信号的误差项；

$\lambda$——回归系数，用于衡量交易费用成分中可变的费用；

$\varphi$——回归系数，用于衡量交易费用成分中固定的费用。

回归系数 $\lambda$ 和 $\varphi$ 表示的是交易费用。$\lambda$ 和 $\varphi$ 的数值越大，则交易费用越高，市场流动性越差。

### （二）从交易数量方面度量流动性

从交易数量方面的流动性度量方法是从流动性的深度角度延伸出的，主要用于体现流动性吸收大量委托单的能力，通常用一段时间内投资者的交易金额或股数来衡量。单位时间内，市场上较高的交易数量显示交易活跃，市场流动性相对较强。Demsetz(1968)[12]发现交易量与买卖价差之间存在着负向关系，即交易量越大则买卖价差越小，而流动性越好，从而交易量成为分析流动性的因素之一。在特拉维夫证券市场(Amihud, Mendelson and Lauterbach, 1997)[148]以及孟买市场（Berkman and Eleswarapu, 1998)[149]的研究中,均以交易量作为衡量流动性的指标。与用买卖价差衡量流动性指标相比,交易数量的衡量大多存在着公司规模的限制,无法比较由于流通股数差异导致的市场流动性,仍无法反映不同价位对交易量的影响,以交易数量衡量的流动性主要可从以下几个方面进行衡量：

1. 成交深度

成交深度衡量了市场上可见价格上的已成交的规模,是已经实现的交易指标,反映了已经得以执行的投资者交易意愿。

2. 换手率(Turnover Rate)

换手率也称交易周转率,是指特定期间内,股票成交量(成交金额)与其流通在外股数(流通市值)的比值,是一个衡量股票持有时间的流动性指标,其倒数即为交易持有期,反映了投资者交易的数量及证券市场的流通速度。

相同流通在外股数下,成交量愈大,换手率愈高,投资者完成一次交易的时间愈短,流动性相对愈好。换手率作为流动性替代变量较常见于对股票报酬与流动性之间关系的研究中,如 Chui 和 Wei(1997)[150]用换手率对东京股市的研究显示存在显著的负向关系,即较低流动性的股票有着较高的报酬。用换手率衡量流动性较为直观,数据的获取也较容易,可操作性强,同时可避免传统流动性指标因公司规模大小不同造成的影响,但也与上述衡量流动性相同,忽略了股价的影响。

### (三)从交易的价格影响方面度量流动性

基于交易的价格影响的流动性度量方法是从流动性的弹性角度演变而来的,主要用于体现流动性不变价格交易的能力。

1. 价格影响模型

价格影响模型中比较有代表性的是 Kyle(1985)[2]的净交易价格影响模型。模型研究了固定时间内投资者净买卖交易对价格变化的影响,通过价格变动和交易量之间的线性方程来度量交易行为对价格所造成的短期影响程度,进而衡量流动性。Kyle 价格影响模型可表示为:

$$P(y)=\mu+\lambda y, Depth=1/\lambda \tag{2-21}$$

式中 $P(y)$——证券定价规则函数;

$y$——交易量;

$\lambda$——回归系数,用于衡量价格对交易量的敏感程度;

$Depth$——市场深度。

$\lambda$ 越大,交易量对价格的影响越大,市场流动性越低。

Amihud(2002)[151]给出的非流动性计算方法建立在 Kyle 的 $\lambda$ 价格影响基础上:

$$ILLIQ_{iy}=1/D_{iy}\sum_{t=1}^{D_{iy}}|R_{iyd}|/VOLD_{iyd} \tag{2-22}$$

式中 $D_{iy}$——股票 $i$ 在交易第 $y$ 年有效观测天数;

$R_{iyd}$——股票 $i$ 在交易第 $y$ 年第 $d$ 天的收益率;

$VOLD_{iyd}$——股票 $i$ 在交易第 $y$ 年第 $d$ 天的交易额。

同样，该指标给出了订单流的价格影响，对应日交易量的价格变化越大，Amihud 非流动性指标越大，流动性越差。除此之外，在交易的价格影响方面常见的流动性比率包括 Amivest 流动性比率、Hui-Heubel 比率等。

2. 流动比率

流动比率用成交量与价格变动关系衡量流动性，若较大幅度的价格波动仅由较少交易量引发，则相应的流动性较低。流动性比率主要显示了以较低的价格变动实现吸收较多市场委托的流动性基本内涵，从而成为早期研究中较为重要的流动性衡量方法。

Amivest 流动比率是 1972 年 Amivest 公司发行的月报中采用的流动性指标，这种方法被 Kerry，Groth 和 Avera（1985）[152] 及 Amihud，Mendelson 和 Lauterbach（1997）[148] 等相关研究所采用，Amivest 流动比率定义为股价每变动一单位对成交量的影响，因此可解决以买卖价差衡量流动性在股价变动上的缺憾，衡量公式为：

$$L_i = \sum_{i=1}^{T} V_{it} / \sum_{i=1}^{T} |(P_{it} - P_{i,t-1})/P_{i,t-1}| \qquad (2-23)$$

式中 $P_{i,t}$——股票 $i$ 在第 $t$ 日内的收盘价；

$V_{i,t}$——股票 $i$ 在第 $t$ 日内的成交量；

$T$——交易时间。

Amivest 比率越高，则交易量对价格的影响就越小，股票流动性越好。Amivest 流动比率估计式中，成交量值存在于分子中，对于流通股数较多的股票，其平均成交量也较大，从而可能产生对应流动性较高的误导。以此为衡量指标无法衡量大笔交易的影响以及立即成交成本，无法确定交易成本类型。也有文献显示该指标可能导致计算的流动性数值缺乏代表性（Bernstein，1987）[153] 等问题。Hui 和 Heubel 提出了与 Amivest 流动性比率类似的流动性衡量指标，主要是增加考虑了公司规模的影响，使得流动性可根据股票市值进行调整，但较易受到股票价格极值的影响，其计算方法如下：

$$Li = \frac{(P_i^{max} - P_i^{min})/P_i^{min}}{V_i/T_i \cdot \overline{P_i}} \qquad (2-24)$$

式中 $P_i^{max}$——股票 $i$ 在五个交易日内买卖委托的最高成交价格；

$P_i^{min}$——股票 $i$ 在五个交易日内买卖委托的最低成交价格；

$V_i$——股票 $i$ 在五个交易日内总交易金额；

$T_i$——股票 $i$ 总流通股数；

$\overline{P}_i$——股票 $i$ 在五个交易日内平均收盘价格。

### （四）从交易的速度方面度量流动性

基于交易速度的流动性度量方法是从流动性的即时性和弹性角度出发，交易的即时性即完成交易的速度及所需时间长短，主要用于体现流动性及时交易能力，在满足其他条件相同情况下，投资者达成委托的速度越快，市场流动性越大，以即时性为基础的流动性指标主要体现在以下几个方面：

1. Liu-*LM*x

从零日交易量角度考察流动性，主要侧重流动性的交易速度，Liu (2006)[154]提出的调整换手率的零日交易量天数的流动性衡量方法，同时体现了流动性在交易速度、交易数量和交易费用方面特征，特别集中在交易速度的体现上，其定义流动性的衡量 $LMx$ 为前 $x$ 月零日交易量天数的标准调整换手率：

$$LM_x = \left[ Num_{0x} + \frac{1/turnover_x}{Deflator} \right] \times \frac{21x}{NoTD} \tag{2-25}$$

式中 $Num_{0x}$——前 $x$ 个月的零日交易量天数；

$turnover_x$——前 $x$ 个月的日换手率总和；

$NoTD$——市场中前 $x$ 个月全部交易天数；

$Deflator$——其选择满足使得所有样本股票 $0 < \frac{1/turnover_x}{Deflator} < 1$。

其中，日换手率用日交易股数与交易日结束时流通在外股数的比率计算，$\frac{1/turnover_x}{Deflator}$ 即为调整的换手率。

Liu - $LM_x$ 零日交易量天数的衡量方法，体现了交易的连续性及在执行订单时潜在的延迟或难度，即证券的无交易显示了其不流动的程度，证券无交易越频繁，流动性越差。

2. 委托单执行时间

委托单执行时间指投资者从提交委托单到该笔委托得到顺利成交所经历的时间。委托单执行时间体现了交易的速度，显示了投资者完成交易的有效时间，其时间的长短与流动性成反比，委托单的执行时间越长，流动性越差。

3. 委托成交概率

委托成交概率即一段时间内委托成交数占总委托数量的比率，衡量了投资者所提交的委托单实际上得以匹配的概率。委托成交的概率越大，则完成交易所需的执行时间越短，交易速度越快，相应的流动性越高；但以成交概率衡量流动性时，忽略了委托价格对成交概率的影响，对限价委托带来不同的成交概率问题缺乏测度。

4. 交易的频率

交易的频率是特定时间内的交易次数，委托单交易的频率越高，则委托单之间的间隔时间越短，交易速度越快，同时，市场接收的委托单也越多，投资者的交易机会也对应增多，达成交易所需等候时间越少，越能够满足投资者对交易即时性的要求，市场的流动性也越高。

以上关于流动性衡量指标讨论显示，各种流动性的度量指标实际上只是从不同角度、不同侧面反映了流动性的某些特征，对于流动性的度量没有形成一种普遍认可的较全面的衡量方法，各个证券市场通常采取有利于本市场的流动性指标，如纽约证券交易所通常采用价差指标，纳斯达克市场较多采取 Amivest 流动性比率指标等。总体上，买卖价差衡量方法是较少限制的度量指标，其他衡量方法也大多不受市场机制影响但各有优劣，选用适当的流动性衡量方法需要进一步考证衡量结果是否受股本、股价等影响以及指标能否区分交易波动的来源：价格的波动可能来源于信息或流动性效应，交易影响价格变动可分为永久性和暂时性分量，交易量大小、市场的流动性等非信息因素影响短期价格波动，而人们对资产价值预期的改变则影响长期价格变动，交易的信息影响归因于市场对交易中信息量的估计，对价格的永久性影响是信息性的，能有效区分交易对价格冲击是信息或流动性，需要流动性指标对交易对价格影响反映为基础方法。适合的流动性衡量方法，必须综合考虑市场机制、效率性、衡量精确度、资产头寸以及交易费用等信息。

## 二、流动性的影响因素

一般地，影响流动性的因素必然会对证券市场的价格形成和运行机制产生影响，进而影响了投资者的策略，影响流动性的因素比较复杂，通常包括：

1. 证券市场的外部环境

证券交易所通常会根据所处的国情和竞争的需求，制定相应的交易规则。在交易过程中，国家的调控在金融市场面临危机时承担重要的作用，相关行业监管部门的调节、货币政策的变动和重大事件的发生等因素都在很大程度上左右了市场流动性。

2. 资产的特征

不同的资产由于自身的差异，所属行业、经营业绩、流通规模、盈利能力等特征的不同，对应的风险也不尽相同，在进行交易时，相应的交易价格、交易规模以及执行时间等均不同，从而具有不同的市场流动性。

3. 交易变量

主要涉及交易价格、交易规模和交易量。一般地，交易价格和每笔交易规模越大，资产的流动性相对越差；总交易量越大，则资产流动性相对越好。Degryse(1999)[155]指出，买卖报价差与交易规模成正比，深度越大，价差也越大；有效价差与交易规模成“U”形曲线，即很小和很大的交易的市场影响成本较大，而规模适中的交易的市场影响成本较小。

4. 委托单类型

对投资者而言，不同类型委托单的流动性含义是不同的，市价委托单强调立即执行，而限价委托单强制价格条件。

通常委托单有四个基本要素：价格、数量、时间和交易方向。从价格角度，委托单可分为市价、限价、止损价、止损限价、触价、市价转限价等多种情况；从数量角度，委托单可分为全额、非全额、最低数量、隐藏数量等几种形式；从时间角度，委托单可分为即时、非即时、指定时段、指定日期、无限期、计时等多种形式；从交易方向角度，委托单有买进委托单和卖出委托单两种形式。不同形式的委托单隐含了投资者不同的交易意图和流动性需求，辅以诸如价格优先、时间优先等委托单撮合的优先原则左右了委托单的执行，影响了市场流动性。

5. 市场微观结构

经历了1987年的美国股市危机和1998年的东南亚金融危机及2008年的全球次贷危机，许多学者开始意识到市场流动性除了与宏观因素相关以外，市场微观结构也是影响流动性主要因素。市场微观结构差异能显著的影响流动性，主要包括交易机制、交易规则、交易信息披露、市场参与者行为等。对市场微观结构的不断完善，将有助于提高市场运行效率，增进证券市场流动性。

①交易机制

如绪论所述，交易机制的不同，将导致市场流动性的差异，其中报价驱动的市场交易机制被认为提供了更多的交易即时性，交易者能在既定价格下得以较快成交，而指令驱动交易机制为投资者提供了更多关于委托单的信息，市场的流动性依赖于投资者的委托，近年来世界主要交易所如纽约泛欧交易所、德意志证券交易所等越来越多的开始采用混合交易机制提高市场竞争性和流动性。

②交易规则

随着证券市场的发展，每个证券交易所将根据自身所处环境不同，形成了特定的交易规则：例如所允许的最小报价单位的差异，较高的最小报价单位限制了中小投资者的进入，影响投资者的交易成本；较低的最小报价单位又分散了公司股本，影响公司的运营成本，这些都影响了市场流动性。而对价格涨跌幅限制的规定、断路器的设置、交易最优档次的公布、特别处理股票（ST）和特别转让股票（PT）的交易规则处理等在控制了过度投机的同时，也左右了市场的流动性。

③市场透明度

市场透明度显示了市场参与者能够观察到交易信息的能力，交易信息的披露及上市公司经营状况信息的披露均将影响市场透明度，而市场透明度的改变，改变了市场上投资者持有信息的预期及非对称程度，从而影响了投资者的交易行为，交易者选择提前、推迟抑或取消相关交易的策略变动均将影响市场的流动性。

④市场参与者行为效应

行为金融学的发展使人们研究市场流动性开始更多考虑交易者行为因素，投资者对交易资产未来价格的预期，投资者的心理因素，风险偏好，市场的交易氛围以及投资者自身的文化背景差异等均影响了投资策略，从而影响了市场流动性。

## 第五节　本章小结

本章从理论上对指令驱动市场的流动性进行分析，在对异质信息进行界定基础上，研究了投资者为获取利益响应其他投资者的交易需求进行交易时，不同市场的流动性提供机制；分析了流动性特征及微观结构模型，为以后投资者交易策略的选择奠定理论基础；从交易费用、交易数量、交易的价格影响及交易速度方面总结了流动性体现在不同特征上的度量方法；最后从证券市场的外部环境、资产的特征、交易变量、委托单类型以及包含交易机制、交易规则、市场透明度和参与者行为效应的市场微观结构方面研究了流动性的影响因素，本章为后续章节基于委托单策略的流动性研究奠定基础。

第三章

# 异质信息交易者委托单提交策略选择模型

## 第一节　交易者的可选择指令委托类型

投资者根据所获取信息以及自身的期望下达交易委托，向市场传达自己的交易意愿，并通过经纪商代为执行。投资者提交的委托包括了股票交易的方向、交易价格、数量和时间等相应的交易信息。通常由于交易制度和交易规则的差异，证券交易所允许投资者提交的委托单类型不尽相同。在所有委托单类型中，市价委托和限价委托是两种最主要的指令委托类型，其他指令委托类型均在此基础上衍生而得。

市价委托（Market Order）是投资者在提交买卖委托时，对交易的价格没有限制，只规定交易的数量，经纪商接收委托后，将尽可能以当时市场上最好的价格立即执行委托。在证易所遵循价格优先原则进行委托撮合时，市价委托保证了在价格不确定情况下的立即成交，它较适合流动性交易。市价委托消耗市场流动性，降低了交易的执行风险，提高了交易的执行速度，但由于没有价格上的限制，指令的迅速成交通常导致成交价格未能达到最优价格，甚至可能是市场上最不利的价格。由于价格的不确定性，在面临市场价格巨大波动时，成交价格风险将加大。在此基础上衍生的止损委托是设置了触发价格的限制性市价委托，其仅在市场价格波动到交易者事前设定的价格时被激活并转化为市价委托，控制了部分价格风险。

限价委托（Limit Order）是投资者在提交给经纪商进行买卖证券的委托时，规定了证券买进或卖出的成交价格以及相应价格上愿意成交的数量，经纪商只能在投资者事先规定的价格内进行相应数量的交易。限价委托由于规定了买卖证券的成交价格，控制了交易的价格风险，相对于市价委托而言，提供了价格的改善，使投资者能够获取一个较有利的成交价格。但由于限价委托具有不确定的成交时间和确定的成交价格，且成交价格只能在一定的范围内，这使得采用限价指令的交易者暴露在不利信息带来的价格变化风险中，从而面临不能得以成交或无法全部成交的风险；同时，限价指令在被全部执行前，市场中所交易资产的价格也会随着资产价值的波动而变化，使得限价指令存在更有利价格带来的滞后成交代价，以及市场决定价格的即刻成交代价；修正或撤消后重新提交的限价委托在获取价格优势的同时将失去时间优势。在此基础上衍生的止损限价指令暗含了止损与限价的特征，指令中包含触发价格和限定价格两个指令委托价格，当市场价格波动到触发价格时，指令被转化为限价指令，执行情形同限价指令。

限价委托对市场流动性具有重要意义，其为未来交易者提供了流动性。在连续竞价的市场中，所有的市场流动性都是由限价委托单提供的，即便在设有做市商的纽约证交所，其SuperDot系统中也有超过半数指令为限价委托指令，且由于限价委托给出了对股票的价格预期，通常能够向市场传递较多的信息，促使限价指令的交易者从小额交易和流动性驱动的价格变化中获利，而在信息驱动的价格变化中受损（Glosten，1999）[38]。

交易者提交的指令委托在进入交易系统进行撮合时，通常将遵照一定优先原则进行排序，比如价格优先、时间优先、数量优先、随机优先、按比例分配、做市商优先等。在指令驱动市场的指令簿中，现行的普遍的优先原则通常是价格优先，其次是时间优先，其他优先原则在上述优先原则无法获取排序结果时进行补充。其中的价格优先原则强化了委托单之间的价格竞争，有利于缩小市场的买卖价差，提高流动性；时间优先原则保护了先提交委托单的投资者，保证了限价委托簿的及时性；数量优先原则有利于提高限价委托簿的深度，这些都提高了市场的流动性。

## 第二节 交易者交易策略选择的基础——有限理性及理性预期模型

通常，理性是指经济活动中的行为主体所具有的追求自身利益最大化的能力或愿望。在证券市场中，理性能力是投资者所具有的理解、认识、计算的交易能力。“理性”应用到证券市场交易时，不仅要求根据交易者的已知交易知识选出的方案是最好的，而且要求所使用的交易知识来自一致的认可，只有两方面都具备才可称之为理性。而实际理性讨论的是不能系统的做出正确推论的投资者。诺贝尔经济学奖获得者 Herbert Simon 认为投资者在面临不确定性时个人处理交易数据的知识与能力有限、并存在信息储存与加工成本，在资源与能力的限制下，行为人不可能符合传统经济学所假设的绝对理性，而是一种有限理性（Bounded Rationality）或近似理性（Approximate Rationality）；但在证券市场中，投资者在交易过程中，也尽可能的收集和利用交易资产相关信息，进行分析并做出合理的委托决策，在此过程中，投资者的决策行为是理性的。因此在异质信息的证券市场交易中，市场中参与者在自身认知能力、行为能力等约束下的理性是有限的，但投资者的策略选择是过程理性的。

理性预期模型在流动性的微观结构模型中被用于推测做市商和知情交易者间的可能交易，在清算时所有的交易者的交易均按照预期的进行。理性预期理论认为投资者个体行为的决策受其依据自身观测到的市场数据所作的他人持有信息推测的影响。将理性预期理论应用于金融市场一直存在争议，这些争议主要集中于两方面：第一，理性预期模型从理性行为人假定出发，据此认为行为主体具有一致的预期，而真实证券市场的交易者并不是具有完全理性、完全计算能力的经济人，交易者之间存在预期、认知能力以及风险容忍度等的个体差异；第二，理性预期模型仅仅关注于均衡的最后清算点，而不是均衡过程，因此理论模型没有预测当信息发生变化时，个体交易者的预期是如何调整的，这种调整持续的时间有多久以及具有什么样的特征等等。理性预期模型最初由 Grossman 和 Stiglitz(1980)[156] 提出，后来被很多学者用来分析拥有不同信息的交易者的交易预期，市场均衡价格的形成如何受市场信息和交易者行为的影响等。Grossman-Stiglitz 模型的主要思想是假设存在安全和风险两种资产，对应的年化收益率分别为 $R$ 和 $u$，随机变量 $u$ 由相互独立正态分布的随机变量 $\theta$ 和 $\varepsilon$ 两部分构成，其中 $\theta$ 是市场中可以费用 $c$ 观察到的私有信息，而 $\varepsilon$ 是不能观察到的；且 $\theta$ 和 $\varepsilon$ 满足 $E(\varepsilon)=0, E(\theta\varepsilon)=0, Var(u^* \mid \theta)=Var(\varepsilon^*)=\sigma_\varepsilon^2>0$，知情的交易者可获取 $\theta$ 的信息，从而对资产的需求取决于所能观测到的信息 $\theta$ 和价格 $p$，而未知情交易者则仅能观测到 $\varepsilon$ 的信息，对资产的需求仅能取决于资产价格 $p$，未知情交易者的理性预期促使其通过推测风险和收益确定对风险资产的需求。在均衡价格下的风险资产的总供给等于知情交易者的根据期望效用提交的资产需求函数和非知情交易者的根据其期望效用及对价格函数的推测获取风险资产需求之和，获取了满足其风险资产需求的均衡价格函数 $P_\lambda$（$\theta$，$x$）为：

$$\begin{cases} P_\lambda(\theta,x)=\dfrac{\left[\dfrac{\lambda\omega_\lambda}{a\sigma_\varepsilon^2}+\dfrac{(1-\lambda)E[u^* \mid \omega_\lambda]}{aVar[u^* \mid \omega_\lambda]}-Ex^*\right]}{R\left[\dfrac{\lambda}{a\sigma_\varepsilon^2}+\dfrac{(1-\lambda)}{aVar[u^* \mid \omega_\lambda]}\right]}, 0<\lambda\leqslant 1 \\ P_0(\theta,x)=\dfrac{E\theta-ax\sigma_u^2}{R}, \lambda=0 \end{cases} \tag{3-1}$$

式中　$\lambda$——知情投资者占市场所有投资者比率；

$x$——市场风险资产总供给；

$a$——绝对风险厌恶系数；

$$\omega_\lambda(\theta,x)——\begin{cases}\omega_\lambda(\theta,x)=\theta-\dfrac{a\sigma_\varepsilon^2}{\lambda}(x-Ex^*),\lambda>0\\ \omega_0(\theta,x)=x,\lambda=0\end{cases}$$

均衡价格函数 $P_\lambda(\theta,x)$ 向未知情交易者显示了某些信息性交易者拥有的信息，未知情交易者在理性预期模型中可推测的知情交易者信息的程度依赖于 $\omega_\lambda(\theta,x)$ 的方差。若交易市场透明，则交易者可观测到交易信息，从而调整预期，达到理性预期均衡。在异质信息的证券市场交易过程中，交易者对信息的获取及处理存在一定的差异，本章将在投资者有限理性及过程理性基础上，分析投资者获取的信息、对信息的处理及投资者的预期、风险容忍度、认知等的差异，关注均衡过程中的调整，从不同投资者策略博弈角度考察市场流动性形成的根源。

## 第三节　交易者指令选择的流动性成因分析

在一个动态的指令驱动证券市场中，资产交易价格的形成是市场参与者根据资产的特征及交易者自身的风险偏好，对资产预期赢利、委托单执行的价格及概率等综合权衡，进而选择特定的委托单提交策略过程中互相博弈形成的。在交易过程中，由于投资者可以选择提交的委托类型不同，导致其面临的风险和交易成本等也不同，而交易信息的更新推动了交易者对其信念的修正，促使证券市场中异质信息的投资者调整相应的交易策略，拥有资产私有信息的交易者根据信息所进行的交易将显著的影响市场中资产的价格和交易状态，持有较好信息的交易者将比持有较差信息的交易者更有可能转移交易中涉及的风险。而由交易所引起的市场资产价格的变化，以及对应的交易量信息等都具有信号传递的作用，将向市场传递部分交易者所持有的私有信息（Glosten and Milgrom，1985）[20]。同时随着行为金融的发展，人们在考虑投资者的委托单提交时，开始更多的关注投资者心理因素，持有不同信息的投资者的心理偏差也将导致其在交易的不同时期采用不同的指令策略。

在指令驱动的中国证券市场中，市场上的买入卖出指令反映了投资者的信息水平和对应的流动性需求，信息在不同市场参与者之间的非对称性质必将影响投资者采用不同的交易行为和策略，使得交易者的委托行为成为推动市场流动性的根本来源。

## 第四节　异质信息交易者的指令提交策略选择模型

### 一、模型假设

由于所持有的资产价值信息的不同，使得拥有资产价值私人信息的投资者和只拥有资产价值公开信息的投资者，其委托单的提交策略必将有所差异。因此，对持有异质信息的投资者，构建交易者的指令提交策略选择的两阶段模型，模型做如下基本假设：

1. *市场中存在两种类型交易者*

沿用 Handa(2003)[74]关于市场中投资者划分的思想，假设在金融市场交易中存在两种类型的投资者：一类是信息性交易者，其存在的数量为 $I$；另一类为非信息性交易者，非信息交易者的数量为 $N$，市场中所有参与者被认为是风险中性的投资者。

信息性交易者拥有关于资产价值的私人信息，非信息交易者仅拥有资产价值的公开信息，市场中只存在一种风险资产，资产的真实价值是随机数 $V$。而市场中关于资产的利好消息亦或是利差消息均属于资产的私有信息，其在交易开始前有等概率发生可能，理性投资者对资产的非条件期望值为 $v_0$。由于信念和预期的差异，市场中的非信息交易者根据市场的公开信息，导致对资产价值存在两种不同评价，一类投资者对该金融资产价值持较悲观的态度，对资产价值有较低的评价，从而是金融资产潜在的卖出者，其认为资产的价值为 $V_A$；另一类投资者对该金融资产价值持较乐观的态度，对资产价值有较高的评价，从而是资产潜在的买入者，其认为的资产价值为 $V_B$；而两类投资者共同组成了市场中的非信息交易者，较高评价投资者和较低评价投资者在非信息交易者中所占的比率分别为 $\varphi$ 和 $1-\varphi$，从而可以获知市场中非信息交易者对金融资产价值的非条件期望值为：$E(v)=\varphi V_B+(1-\varphi)V_A=V_1$。

2. 交易者可以选择提交市价委托或限价委托

所谓市价委托指令如第一节中所述是指在市场指令簿中可见最好价格上可以立即成交的委托，而限价委托则是投资者设置了一个委托的最好价格，并以此为基准来进行金融资产的买卖。

中国的证券交易所在 2006 年之前还一直仅允许限价委托，从 2006 年 7 月 1 日深圳证券交易所开始实行新的《深圳证券交易所交易规则》，新规则允许投资者可以选择提交市价委托单或者限价委托单，在同一阶段，上海证券交易所也规定从 2006 年 8 月 7 日开始允许投资者可以选择提交新的市价委托单，从而在指令驱动的中国证券市场，交易者在进行资产交易时可以有更多的指令选择方式。因此在两模型中假设中国证券市场中，投资者可以选择提交市价委托或者限价委托。

3. 信息存续于交易的两阶段模型中

以往的研究通常认为信息的存续期是短期的，且仅存在于交易的一个阶段中，而实际上信息的产生及传播在交易的一个阶段内通常不能得到完全的释放。因此将交易的信息存续期扩展为两阶段是合理的，假设信息存在于交易的两阶段模型中，并进一步假设信息的释放是以一定的概率，在投资者进行交易的第一阶段结束时，信息性交易者持有的关于资产价值的私有信息将以概率 $p$ 为市场中非信息交易者通过观察与理性分析处理所获知，市场上交易资产残余的私有信息将在投资者进行交易的第二阶段结束时才完全释放，成为市场上所有参与者共同拥有的知识。

在交易过程中，非信息交易者虽然不知道关于资产价值的真实的信息，但他们通常能够从公开的市场买卖委托单价格、流量信息中以及资产的成交价格、成交量信息中获取关于资产真实价值的部分信息，从而可以据此来更新自己的资产预期，制定最优的委托单提交策略。

4. 市场中非信息交易者对流动性存在不同的需求

假设在市场中的非信息交易者由两类投资者组成：对流动性需求较低，从而对交易的发生较耐心的交易者和对流动性需求较高从而对交易的发生不耐心的交易者。其中，假设非信息交易者中耐心的投资者所占比率为 $\theta$，他们有更多时间可以选择观察市场信息，充分权衡市场中其他市场参与者的委托单策略，理性的选择自身的委托单提交策略来实现预期收益的最大化；市场中存在的另外的 $1-\theta$ 比率的不耐心的非信息交易者，他们对流动性的偏好将促使其在相对较好价格基础上，更偏好提交市价委托单来实现自身的需求。其中 $\varphi$，$\theta$，$p$ 均满足 $\varphi$，$\theta$，$p\in[0, 1]$。

在构建的两阶段连续交易市场模型中，投资者可以选择市价委托单或限价委托单，市场中的信息性交易者，由于其持有关于金融资产的私有信息，因此有充分利用所持有的私人信息的需求和偏好，如果其提交的委托在资产交易期结束前仍存在未被执行的指令，则假设信息性交易者将放弃提交限价委托的意愿，进而选择提交市价委托是合理的。

同时，在现有研究中大多假设信息性投资者为快速实现其持有的关于资产私人信息的价值，保证其提交的委托单的有效执行，会选择采用市价委托单进行交易；但是如果金融市场中关于资产的信息长期存在并有效的概率较高时，考虑到限价委托单不存在价格方面的执行风险，随着交易的进行以及私人信息预期水平的增加，市场中限价委托单被执行的概率将逐渐加大，交易资产的不确定执行风险将逐渐降低，信息性交易者将逐渐的更倾向于选择提交限价委托。

## 二、模型建立及求解

在交易的开始时刻即 $t=0$ 时刻，假设市场中非信息交易者将等概率的买卖该种金融资产。由于在对金融资产进行交易初期，非信息交易中仅能获取市场中交易资产未来价值的公开信息，从而给定一个交易机会，假设其将以等概率买卖该种金融资产是合理的。

同样在交易的开始时刻即 $t=0$ 时刻，市场上存在的限价卖单的卖出委托价格为 $P_a^0$，限价买单的买入委托价格为 $P_b^0$。从而在交易的两阶段模型中，对投资者的买入委托存在以下两种情形（此处仅考虑投资者的买入情形，卖出情形类似）：

①非信息交易者在交易的开始阶段提交市价委托指令来购买资产。此时投资者对该金融资产价值持较为乐观的态度，对资产价值有较高的评价，则其预期获取的收益为 $E(v)=H-P_a^0$，其中 $H$ 为非信息交易者对资产的较高预期价值。

②非信息交易者在交易的开始阶段提交限价委托指令来购买股票，且其提交的限价买单的价格为 $P_{bl}^0$。此时投资者对资产有相对较高的评价且对流动性的需求较低，通常愿意花更多的时间来观察市场中的相关信息，并有充分权衡市场中其他市场参与者委托单策略的需要。

在满足投资者预期盈余最大化的条件下进行模型的求解，由于投资者自身差异及对信息理解和接受程度的不同，市场中交易金融资产价值的非条件期望值与理性投资者的资产期望值之间存在一定的差异。假设其差额在相对偏大、相等及相对偏小的三种情形下出现的概率均等，对市场中交易者的交易指令选择情况展开研究，可以获取以下情况下对应投资者的指令策略选择情况。

1. 非信息交易者的非条件期望值偏大于理性投资者

存在两种情况：第一种情况，如果信息性交易者在金融资产交易中选择提交市价指令，则在满足条件：

$$I/N \geqslant [1-p-(1-\varphi)(1-\theta)(2-p)] \tag{3-2}$$

非信息交易者的预期收益 $E_1$ 可表示为：

$$E_1=[2I+N\cdot p+N(1-\varphi)(1-\theta)(2-p)](H-P_{bl}^0)/3(N+I) \tag{3-3}$$

反之，则预期收益可表示为：

$$E_1=(H-P_{bl}^0)/3 \tag{3-4}$$

证明：市场中交易的第一阶段和第二阶段可能的交易情形分别如图3-1和图3-2所示，从图3-1中可以得出：

在交易进行的第一阶段，交易者所提交的委托指令得到撮合的概率为$[N(1-\varphi)(1-\theta)+I]/(N+I)$，相应的成交价格为$P_{bl}^0$。在此成交价格下，导致市场中买卖委托单不平衡的概率：

$$|1-[I+N(1-\varphi)(1-\theta)]/(N+I)| \tag{3-5}$$

显然式$1-[I+N(1-\varphi)(1-\theta)]/(N+I)\geqslant 0$对任意的$\varphi$，$\theta\in[0,1]$均成立。

在交易进行的第二阶段，由于信息性交易者持有关于资产价值的私有信息，而该信息将以一定的概率$p$为市场中非信息交易者通过观察与理性分析所获知，从而在交易的第二阶段，买入者进入市场并进行交易的概率为：$N(1-p)\varphi/(N+I)$，相应的卖出者进入市场提交委托进行交易的概率为：

$$[N(1-p)(1-\varphi)+N\cdot p+I]/(N+I);$$

在交易的第二阶段投资者选择提交市价卖出指令存在的概率为：

$$[N(1-\varphi)(1-p)(1-\theta)+N\cdot p+I]/(N+I) \tag{3-6}$$

获取非信息交易者提交限价购买指令的预期收益为：

$$E_1=Min\{[N(1-\varphi)(1-\theta)(2-p)+N\cdot p+2I]/(N+I),1\}(H-P_{bl}^0)/3 \tag{3-7}$$

因此，对于$\forall\varphi$，$\theta$，$p\in[0,1]$

在满足条件$I/N\geqslant 1-p-(1-\varphi)(1-\theta)(2-p)$时，预期赢利为

$$E_1=[2I+N\cdot p+N(1-\varphi)(1-\theta)(2-p)](H-P_{bl}^0)/3(N+I) \tag{3-8}$$

反之，则

$$E_1=(H-P_{bl}^0)/3 \tag{3-9}$$

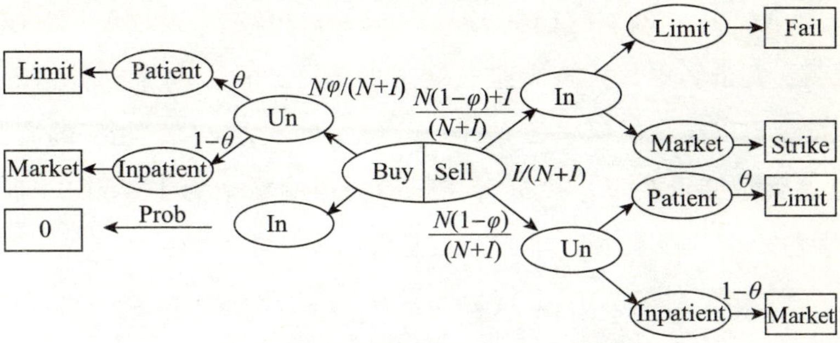


**图 3-1　$t=1$ 阶段市场上可能的交易类型**

**Figure 3-1　The possible trading type at stage**

注：图 3-1 中，*Un* 指非信息交易者；*In* 指信息交易者。

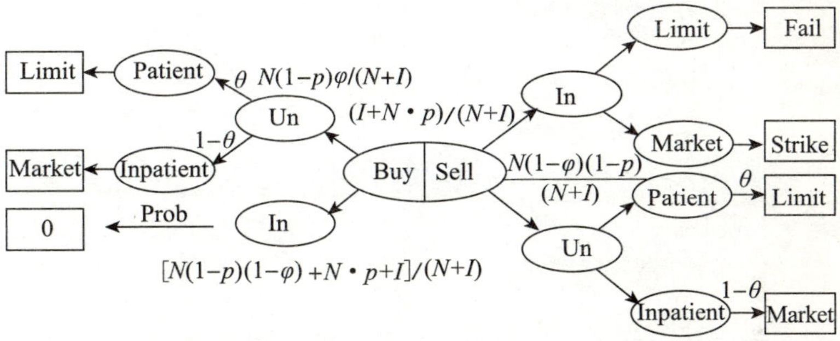


**图 3-2　$t=2$ 阶段市场上可能的交易类型**

**Figure 3-2　the possible trading type ot stage t = 2 in the market**

第二种情况，如果信息性交易者为获取所持有信息可能带来的利益，从而选择在交易的第 $t=1$ 阶段提交限价指令；在市场中交易的第一阶段，如果存在未被执行的委托单，则信息性交易者为了充分的利用其持有的关于资产价值的私人信息，将会选择在交易第 $t=2$ 阶段提交市价指令，且只有满足条件：

$$1-p-(1-\varphi)(1-\theta)(2-p)\geqslant 0 \tag{3-10}$$

在交易第二阶段信息性交易者所提交的指令才能得以执行，此时的预期收益为：

$$E_1=[N(1-\varphi)(2-p)(1-\theta)+N\cdot p+I](H-P_{bl}^0)/3(N+I) \quad (3-11)$$

证明：在市场中，投资者进行交易的第一阶段，与第一种情况类似，市场中指令得以撮合的概率为 $N(1-\varphi)(1-\theta)/(N+I)$，相应的成交价格为 $P_{bl}^0$，在此成交价格下，投资者委托单失衡的概率为 $1-N(1-\varphi)(1-\theta)/(N+I)$，在 $t=1$ 阶段，非信息交易者的预期收益为：

$$E_1^1=N(1-\varphi)(1-\theta)(H-P_{bl}^0)/3(N+I) \quad (3-12)$$

而信息性交易者持有的私有信息在第一阶段结束时将以概率 $p$ 为非信息交易者所获知，从而交易第二阶段投资者采用限价指令能够保证其得以执行的概率满足：

$$1-N(1-\varphi)(1-\theta)/(N+I)\geqslant[N(1-\varphi)(1-p)(1-\theta)+N\cdot p+I]/(N+I) \quad (3-13)$$

即满足条件：

$$1-p-(1-\varphi)(1-\theta)(2-p)\geqslant 0 \quad (3-14)$$

此时，非信息交易者在 $t=2$ 阶段的预期收益为：

$$E_1^2=[N(1-\varphi)(1-p)(1-\theta)+N\cdot p+I](H-P_{bl}^0)/3(N+I) \quad (3-15)$$

从而，非信息交易者在这两个阶段获取的预期总收益为：

$$\begin{aligned}E_1&=E_1^1+E_1^2\\&=N(1-\varphi)(1-\theta)(H-P_{bl}^0)/3(N+I)\\&\quad+[N(1-\varphi)(1-p)(1-\theta)+N\cdot p+I](H-P_{bl}^0)/3(N+I)\\&=\{[N(1-\varphi)(2-p)(1-\theta)+N\cdot p+I](H-P_{bl}^0)\}/3(N+I)\end{aligned} \quad (3-16)$$

2. 非信息交易者的非条件期望值与理性投资者相等

如果满足信息性交易者与非信息交易者比率大于 $(1-\varphi)(1-\theta)(2-p)-1$，则非信息交易者的预期收益为：

$$(H-P_{bl}^0)/3 \quad (3-17)$$

反之，则其预期收益为：

$$[N(1-\varphi)(1-\theta)(2-p)(H-P_{bl}^0)]/3(N+I) \quad (3-18)$$

证明：在交易的第一阶段，非信息交易者的预期收益为：

$$E_2^1 = N(1-\varphi)(1-\theta)(H-P_{bl}^0)/3(N+I) \quad (3-19)$$

当市场中关于资产价值的私有信息在交易的第一阶段结束时以一定的概率 $p$ 为非信息交易者所获知后，在交易的第二阶段，将会存在 $N \cdot p/(N+I)$ 比率的非信息交易者选择不进行交易，此时非信息交易者的预期收益：

$$E_2^2 = Min\{[1-N(1-\varphi)(1-\theta)/(N+I)],[N(1-p)(1-\varphi)(1-\theta)/(N+I)]\} \cdot (H-P_{bl}^0)/3 \quad (3-20)$$

从而，在满足条件 $(I/N) \geqslant (1-\varphi)(1-\theta)(2-p)-1$ 情况下，非信息交易者的预期收益为：$E_2=(H-P_{bl}^0)/3$；反之则其预期收益为：

$$E_2=[N(1-\varphi)(1-\theta)(2-p)(H-P_{bl}^0)]/3(N+I)$$

3. 非信息交易者的非条件期望值偏低于理性投资者

若信息性交易者与非信息交易者比率大于 $(1-\varphi)(1-\theta)(2-p)-1$，则其预期收益为：

$$E_3=(H-P_{bl}^0)/3 \quad (3-21)$$

反之，则预期收益为：

$$E_3=[N(1-\varphi)(1-\theta)(2-p)(H-P_{bl}^0)]/3(N+I) \quad (3-22)$$

证明：在交易的第一阶段，非信息交易者的预期收益为：

$$E_3^1=[N(1-\varphi)(1-\theta)(H-P_{bl}^0)]/3(N+I) \quad (3-23)$$

若信息在交易的第一阶段结束后，以概率 $p$ 为非信息交易者所获知，则在交易的第二阶段，将存在 $N \cdot p/(N+I)$ 比率的非信息交易者选择提交市价买入指令而不是卖出指令，因此非信息交易者的预期收益为：

$$E_3^2 = Min\{[1-N(1-\varphi)(1-\theta)/(N+I)],[N(1-p)(1-\varphi)(1-\theta)/(N+I)]\} \cdot (H-P_{bl}^0)/3 \quad (3-24)$$

即，$E_3=E_2$。

命题 3.1　当持有信息的投资者选择采用市价指令购买股票时，非信息交易者在交易初期购买股票时更倾向于选择提交限价指令。

证明：当非信息性交易者在 $t=0$ 阶段采用市价指令购买股票，则其预

期的收益为 $E(v)=H-P_a^0$；若非信息性交易者在 $t=0$ 阶段采用限价指令购买股票，而信息性交易者在交易中采用市价委托时，根据上面的推导，可以分别从以下四个方面考察交易者的指令偏好。

第一，当对价值有较低评价的投资者在非信息交易者中所占比率 $1-\varphi$ 与非耐心的投资者在非信息交易者中所占的比率 $1-\theta$ 满足条件式（3－25）和（3－26）时

$$(1-\varphi)(1-\theta)\leqslant 1/2 \tag{3-25}$$

$$I/N\geqslant 1-p-(1-\varphi)(1-\theta)(2-p) \tag{3-26}$$

非信息交易者总预期收益 $E_T$ 可表示为：

$$E_T=\{[N(1-\varphi)(1-\theta)+N(1-\varphi)(1-p)\cdot(1-\theta)+I+(N\cdot p+I)]/(N+I)+2\}\cdot(H-P_{bl}^0)/3 \tag{3-27}$$

易知：

$$E_T\geqslant(H-P_{bl}^0)>(H-P_a^0) \tag{3-28}$$

从而，非信息交易者在开始阶段选择限价指令购买股票将实现其预期收益的最大化。

第二，在满足 $(1-\varphi)(1-\theta)<1/2$，且 $I/N<1-p-(1-\varphi)(1-\theta)(2-p)$ 时：

$$E_T=(H-P_{bl}^0)>(H-P_a^0) \tag{3-29}$$

此时非信息交易者在交易的开始阶段将选择限价指令购买股票。

第三，在满足 $(1-\varphi)(1-\theta)>1/2$，且 $I/N\geqslant(1-\varphi)(1-\theta)(2-p)-1$ 时：

$$E_T=\{[N(1-\varphi)(1-\theta)+N(1-\varphi)(1-p)\cdot(1-\theta)+I+(N\cdot p+I)]/(N+I)+2\}\cdot(H-P_{bl}^0)/3 \tag{3-30}$$

计算可得：

$$E_T>(H-P_{bl}^0)>(H-P_a^0) \tag{3-31}$$

在该种情况下，非信息交易者在交易的开始阶段将选择限价指令购买股票实现预期赢利的最大化。

第四，在满足 $(1-\varphi)(1-\theta)>1/2$，且 $I/N<(1-\varphi)(1-\theta)(2-p)-1$

时：

$$E_T = \{[3N(1-\varphi)(1-\theta)(2-p)+2I+N\cdot p]/(N+I)\}\cdot(H-P_{bl}^0)/3 > (H-P_{bl}^0) \quad (3-32)$$

此时，非信息交易者在交易开始阶段，更倾向于选择限价指令购买股票。

上述四种情况论证均表明，在持有信息的投资者采用市价指令购买股票情况下，非信息交易者购买股票的时候，更倾向于提交限价单指令。

命题 3.2　若持有信息的投资者在交易初期采用限价指令进行交易，则在满足条件：

$$N[1-p-(1-\varphi)(1-\theta)(2-p)]/(N+I) < 3\cdot(P_a^0-P_{bl}^0)/(H-P_{bl}^0) \quad (3-32)$$

非信息交易者在交易开始阶段更倾向于选择限价单进行交易。

证明：非信息性交易者在 $t=0$ 时刻采用市价买入委托，则其预期的收益为 $E(v)=H-P_a^0$；若非信息交易者在 $t=0$ 时刻提交限价买单，当信息性交易者第一阶段采用限价指令时，在满足条件

$$1-p-(1-\varphi)(1-\theta)(2-p)\geqslant 0 \quad (3-33)$$

能够确保交易的第二阶段信息性交易者提交的指令被执行。

当 $1-p-(1-\varphi)(1-\theta)(2-p)\geqslant 0$ 时，显然 $I/N\geqslant(1-\varphi)(1-\theta)(2-p)-1$，此时预期收益 $E_1$ 为：

$$E_1 = \{[N(1-\varphi)(1-\theta)+(N\cdot p+I)+N(1-\varphi)(1-p)(1-\theta)]/3(N+I)\}(H-P_{bl}^0) \quad (3-34)$$

预期收益 $E_2 = (H-P_{bl}^0)/3 = E_3$　(3-35)

则非信息交易者总的预期赢利为：

$$E_T = \{[N(1-\varphi)(1-\theta)+(N\cdot p+I)+N(1-\varphi)(1-p)(1-\theta)/(N+I)]+2\}\cdot(H-P_{bl}^0)/3 \quad (3-36)$$

若要 $E_T > (H-P_a^0)$ 成立，则只有满足：

$$N[1-p-(1-\varphi)(1-\theta)(2-p)]/(N+I) < 3\cdot(P_a^0-P_{bl}^0)/(H-P_{bl}^0) \quad (3-37)$$

此时，非信息投资者才会在交易的开始阶段选择限价单进行交易，反之，其将提交市价委托单。

因此，在不存在做市商提供流动性的中国指令驱动的证券市场，考虑到部分信息在交易的第一阶段结束时，仍存在不为公众所认知的交易的二阶段模型中，如果非信息交易者在交易的第一个阶段结束后存在学习信息的过程，可以认为当持有信息的投资者采用市价指令购买股票时，则非信息交易者在交易初期选择购买股票时更倾向于提交限价委托指令；如果持有信息的投资者在交易的初期选择采用限价指令进行交易，则只有满足条件：$N[1-p-(1-\varphi)(1-\theta)(2-p)]/(N+I)<3\cdot(P_a^0-P_{bl}^0)/(H-P_{bl}^0)$时，非信息交易者才会在交易开始阶段选择限价单进行交易，非信息交易者限价购买指令的行为与资产期望值与限价买价之差成正比，并受市场上非信息性交易者比率及其学习信息的概率、对资产评价、资产的期望值与可见市价之差因素的影响。

## 第五节　交易者指令选择的市场流动性效应分析

由于不存在做市商的中间撮合来为市场提供流动性，使得在指令驱动的证券市场中，投资者的指令提交成为市场流动性唯一的源泉。在此过程中，信息性和流动性交易者的动态指令提交行为驱动了流动性的供给，交易者的指令提交是交易策略在交易市场中最直接的体现，其明确地规定了所投资的资产、买卖方向、买卖数量等成交条件。

在上面所讨论的交易者对限价指令与市价指令的选择中，限价指令将成交价格固定在特定的市场价格上，所提交的指令为流动性需求较强的投资者提供了进行即时交易的可能，从而为市场提供了一个免费期权。但投资者提交的限价委托单面临一定的风险，比如当市场价格由于交易资产的信息或者价值变化波动到限价指令所指定的价格以外时，也即市场价格高于交易者提交的买入价格、或者低于其提交的卖出价格时，交易者的指令将无法得以成交。此时，市场上存在的较高流动性需求的参与者为满足即时交易的愿望，最可能的是选择提交市价指令。市价指令在市场上可见的任何价格上可以成交，因此通常能够得以即时地执行，提交市价指令的投资者对市场流动性通常有较高的需求，为了获取所需要的流动性，愿意支付一定的交易成本。一般情况下大额的市价指令由于没有与之匹配的指令提交者，较难得到执行，反映在成交价格上通常是为了获取流动性而在较差价格上成交，而如果市场流动性较好，则大额市价指令将得到较好的匹配，从而交易成本相应较少。

本章的模型显示，在指令驱动的证券市场中，当信息的产生及传播不能在交易的一个阶段内得到完全的释放时，考虑到非信息交易者在交易进行一个阶段后存在一定概率的观察、分析及学习交易信息的过程，存在两种不同情景下的指令偏好行为：

第一种情况，对于持有信息的投资者，在交易的开始阶段选择采用市价指令购买股票情形。该种情况通常发生于知情交易者持有的是利好消息，并有执行资产即时交易的需求。在交易者选择提交市价委托单以实现最大化自身私人信息价值的过程中，是希望在市场中能够迅速的实现私有消息所带来的预期赢利的，同时能够减少因信息的泄露及被未知情交易者学习所带来的损失，从而提交较为激进的市价委托单来增加成功完成交易的机会，使交易得以较快执行是符合其预期收益最大化需求的。此时，知情交易者的参与，行使了市场中已提交的限价指令提供的免费期权，所持有的私人信息，也促使其提交的指令通常处于市场中较为有利的地位并提供了较高的收益，是在消耗市场的流动性；同时，对于非信息交易者来说，将根据自身的过程理性预期及对市场中其他交易者行为的判断，在交易初期购买股票时的选择倾向于提交限价指令，用于减少当市场上资产价格巨大变动时，以及在市场中存在与交易资产价值相关私有消息发生时，与知情交易者进行交易所遭受的可能损失。在该种情况发生时，市场上是知情的交易者在消耗市场流动性，而非知情交易者在为市场提供流动性。

第二种情况，对于持有信息的投资者，在交易初期采用限价指令进行交易的情况。该种情况通常发生于知情交易者对持有的私有信息有较清晰的判断，对信息的存续期有较长的预期，且对资产没有强烈的即时交易需求。此时信息交易者关注于管理所持有的信息，通常选择用限价指令来最小化相关交易所带来的影响，进而避免在所从事的交易中泄露持有的信息；同时如果信息持有者对所持的私有信息有充足的信念，预期该信息能准确的预测未来资产价值的变化，从而带来预期的赢利时，在交易过程中，为了减少逆向选择的损失，将选择提交限价委托单。而非信息性交易者，在满足条件 $[1-p-(1-\varphi)(1-\theta)(2-p)][N/(N+I)]<3\cdot[(P_a^0-P_{bl}^0)/(H-P_{bl}^0)]$ 下，即在市场中非信息交易者所占比率及相关学习信息的概率在所预定的比率范围之内时，交易开始阶段，非信息交易者将和信息交易者一样更倾向于选择限价单进行交易，从而为市场提供流动性；否则，其将消费市场的流动性。

## 第六节　本章小结

在不存在做市商的指令驱动证券市场，本章研究了交易第一阶段结束时，仍有部分信息未为公众投资者所知的二阶段模型中拥有不同信息的投资者的委托单策略选择问题。所得结论显示当持有信息的投资者采用市价指令购买股票时，非信息交易者在交易初期购买股票时更倾向于选择限价指令；非信息交易者限价购买指令的行为与资产期望值与限价买价之差成正比，并受市场上非信息性交易者比率及其学习信息概率、对资产评价、资产的期望值与可见市价之差等因素影响；若持有信息的投资者在交易初期采用限价指令进行交易，则只有满足一定比率下，非信息交易者在交易开始阶段才倾向于选择限价单进行交易。

## 第四章

# 基于交易者委托单不平衡的市场流动性研究

在指令驱动的证券市场中，交易者依据市场状况选择自己的委托单提交策略时，市场中的指令簿成为其策略选择不可或缺的信息来源，投资者对市场流动性和信息的变动有不同程度的敏感性，反映在指令簿中，就是提交的委托单的差异。在任何时点上，市场中指令簿累积了除撤单指令和市价指令之外所有未得以匹配的限价指令，指令簿中委托差异的变动，也是市场中资产供给与需求变动的指标，过量的供给或者需求都将影响资产价格的形成，左右市场的流动性，从而理解指令簿中买卖委托的差异对所有市场者都是非常重要的。本章将建立在委托单不平衡衡量基础上，研究中国证券市场基于委托单不平衡的股票收益率与流动性，并对股票交易规模、买卖委托单不平衡与流动性之间的关系进行实证检验，以便更好地为投资者交易策略的选择及证券市场制度制定提供理论依据。

## 第一节　买卖委托单不平衡的内涵

证券市场的交易活动通常可用交易量来衡量，交易量是投资者进行投资决策的一个重要标准。市场中的买方或卖方交易量显示了信息与流动性变动间的相关性及其对应的强度，因此，相比于总交易量，来自于单独的买方或者卖方的交易提供了更多的信息，应用于投资者策略选择时，就是包含在交易量中的信息不止是一个维度。

报价驱动市场中基于存货理论的观点认为随机的较高的买卖委托不平衡恶化了做市商所面临的存货问题，当做市商出于竞争性调节所持存货水平时，期望通过修正买卖报价和改变买卖价差来应对委托单的不平衡问题，从而影响了股票的回报率和市场流动性。

在指令驱动的中国证券市场，市场上的交易活动本质上产生于交易者的指令委托，较高的交易量大多来源于拥有同质信息的买卖双方的大量频繁交易或拥有信息优势的买方或卖方驱动的信息交易。相应的，指令驱动市场中，指令簿中买卖委托单不平衡是衡量金融市场中由委托单买入者发起交易与卖出者发起交易的差别，其可理解为交易者的买卖意愿不能匹配买卖委托单，从而指令簿中委托单的不平衡状况将传递比股票交易量更多的信息。

直观上看，无论是私人信息抑或随机事件驱动的委托单不平衡都将影响到交易者的日内交易行为，价格变化与委托单流有一定关联（*Kyle*，1985）[2]，委托单不平衡通常将提供超过交易活动所能解释的额外能力。以委托单不平衡形式出现的交易将帮助投资者推断之前对它们未知的信息，诸如上市公司盈余公告前后及其所含信息的好坏等都将传递某种关于上市公司经营业绩的信号，而基于信息交易的投资者将相应的调整其委托单提交策略，从而影响了市场中资产的供给和需求。供给与需求的改变也即买卖委托的差异将直接反映在投资者的指令提交行为上，其带来的价格压力及指令流信息将向市场传递私人信息的信号，部分投资者的基于委托单不平衡的交易战略，将可能给其带来较高的赢利。

目前，大多数采用报价驱动的交易所交易机制都支持断路器（*Circuit Breakers*）理论，断路器用于当市场下跌超过预定的幅度时，证券及商品交易所采取暂停股票和股指期货交易的措施，最早应用于 1987 年“黑色星期一”之后的交易，目的在于通过重新平衡买卖委托单来防止市场的急剧下跌，也即停止交易以提供时间允许市场吸收大量单方面的买卖交易来重新平衡委托单的不平衡。基于指令驱动的中国证券市场也规定了在遭遇不可抗力、意外事故、技术故障以及非交易所能控制的其他异常情况下有权将上市交易的所有证券停牌，但目前还不存在防止整个市场迅速变化的市场断路器，交易所在整个市场买卖委托迅速变化的情况出现时，缺乏相应的市场稳定机制，从而分别从买卖交易双方考察委托单的提交，较单纯考虑整体交易量信息具有比较重要的意义。

## 第二节　基于买卖委托单不平衡的股票收益率与流动性研究

### 一、数据来源

本章以上证 180 指数成分股为研究对象，选取 180 支股票从 2006 年 7 月至 12 月的六个月期间的高频交易数据，并根据交易期间股票平均流通市值大小将 180 支成分股股票划分为大、中、小三个不同的市值区间用于区别不同规模上市公司，从而每个区间内包含 60 支股票，进而在每区间股票中分别选取平均流通市值最大的前 10 支股票，在所得结果中剔除样本考察期间摘牌的 *ST* 兰铝，停牌交易日较多的万业企业以及交易日样本数据缺失过多的工商银行、中国银行和青岛啤酒的股票样本，并在相应的各个样本区间依序补充新股票样本，经过筛选获取本文的研究样本如表 4 - 1 所示，提取其在样本考察期间的股票成交股价、成交量，可见价位上买卖委托单的价格及委托量等高频交易数据信息，所有数据来自分析家、*Wind* 资讯数据库及上海证券交易所的交易数据。

表 4-1 不同市值区间的选股样本股票

Table 4-1 The selected sample stocks in different market value interval

| 小规模流通市值 | | 中等流通市值 | | 大流通市值 | |
|---|---|---|---|---|---|
| 600 438 | 通威股份 | 600 456 | 宝钛股份 | 600 320 | 振华港机 |
| 600 460 | 士兰微 | 600 270 | 外运发展 | 600 519 | 贵州茅台 |
| 600 754 | 锦江股份 | 600 500 | 中化国际 | 600 000 | 浦发银行 |
| 600 322 | 天房发展 | 600 033 | 福建高速 | 600 009 | 上海机场 |
| 600 432 | 吉恩镍业 | 600 808 | 马钢股份 | 600 028 | 中国石化 |
| 600 062 | 双鹤药业 | 600 183 | 生益科技 | 600 019 | 宝钢股份 |
| 600 535 | 天士力 | 600 675 | 中华企业 | 600 016 | 民生银行 |
| 600 770 | 综艺股份 | 600 428 | 中远航运 | 600 900 | 长江电力 |
| 600 521 | 华海药业 | 600 585 | 海螺水泥 | 600 050 | 中国联通 |
| 600 266 | 北京城建 | 600 550 | 天威保变 | 600 036 | 招商银行 |

## 二、研究设计

### （一）买卖委托单不平衡的度量方法

源于买卖双方的指令委托由于其委托者所持有信息及信念的不同，必将导致委托意愿在期望时段不能够得以匹配委托单。为了研究投资者买卖委托单的日内不平衡状况，首先，对股票 $i$ 在交易的第 $t$ 日的买卖委托单的不平衡分别采用以下三种方法进行衡量：

①沿用 Chordia et al(2002)[157]中的思想，以买卖股数的差额衡量委托单的不平衡，但该方法忽略了股票日内交易规模的影响，因此为了剔除日内交易规模的影响，针对中国证券市场的股票日间交易数据，采用以下买卖委托单不平衡指标：

$$Order\ Imbalance_{it} = IB_{it} - IS_{it}/TV_{it} \qquad (4-1)$$

式中 $IB$——在交易第 $t$ 日投资者对股票 $i$ 的主动购买股数；

$IS$——交易第 $t$ 日内投资者对股票 $i$ 的主动卖出股数；

$TV$——交易第 $t$ 日的市场上股票 $i$ 的交易总股数。

由此计算投资者买卖委托单不平衡的结果，并修正数据异常结果，这样定义的买卖委托不平衡是没有量纲的，从而在不同股票之间具有可比性。

②投资者根据自己获取的不同信息及期望所形成的对特定股票的交易意愿将具体体现在日内股票的每笔交易委托上。根据中国指令驱动证券市场委托单提交的特性，从日内分笔交易买卖委托单的提交角度考虑委托单不平衡衡量，用投资者所能获取的市场上最好买卖委托价格上相应的委托数量差值来获取买卖委托单不平衡数据，从而获取买卖委托单不平衡的度量指标为：

$$Order\ Imbalance_{it} = \sum_{j=1}^{n}(B_{jk} - S_{jk}) / \sum_{j=1}^{n}(B_{jk} + S_{jk}) \qquad (4-2)$$

式中 $B_{jk}$——第 $k$ 笔交易的第 $j$ 档的买入委托量；

$S_{jk}$——第 $k$ 笔交易的第 $j$ 档的卖出委托量。

③上述两种买卖委托单不平衡的衡量方法皆基于整个样本区间的日内买卖委托单不平衡股数为度量指标，对委托单不平衡的交易额指标，可沿用同样方法获取类似结论，因此仅以交易股数计算。而由于买卖委托单不平衡的绝对值显示了该阶段主动性买入与主动性卖出的股数差额，为避免由于市场上部分投资者持有严重私有信息或存在公司重大经营变动、公告等特殊状况导致的买卖委托单严重的不平衡影响统计检验结果的显著性，同样考虑到用买入委托大于卖出委托的交易日在总交易日中的比率作为委托单不平衡的度量指标，用于衡量极端情况下的买卖委托单的不平衡性。

对买卖委托单不平衡的第一种衡量方法，主要侧重交易日间委托角度考虑交易者的买卖委托单不平衡，而第二种衡量方法则主要侧重交易日内买卖委托，选取指标主要从日内投资者交易委托意愿差异来衡量买卖委托不平衡，当面临市场上存在严重私有信息或者公司重大经营变动抑或盈余公告导致的委托指令严重不平衡时，采用第三种买卖委托单不平衡计算将更好地反应市场的买卖委托意愿。

### （二）描述性统计

表 4－2 给出了简单的描述性统计，从表 4－2 直观上看，日内成交量

均值在 4 746 533 股和 50 711 000 股之间波动，其随着样本平均最低流通市值增加而增加。日内买卖委托不平衡均值在第一、二种交易日间、交易日内衡量方法中均呈现负值，描述性统计量显示，直观上针对不同市值样本，日内买卖委托单不平衡均值在第一种侧重交易日间衡量方法和第三种侧重极端情况衡量法中呈现出一致的变化趋势，而异于第二种侧重交易日内衡量方法的变化趋势。

**表 4－2　描述性统计表**

**Table 4－2　Descriptive statistics value**

| 样本 | 平均最低流通市值（万元） | 日内成交量均值（股） | 衡量法 | 日内不平衡委托均值 | 最大值 | 最小值 | 标准差 |
|---|---|---|---|---|---|---|---|
| | | | 1 | －3.84% | 100% | －100% | 25.63 |
| 1 | 100 148 | 4 746 533 | 2 | －9.85% | 96.00% | －94.69% | 42.73 |
| | | | 3 | 58.75% | 67.2% | 46.77% | 5.60 |
| | | | 1 | －2.74% | 100% | －100% | 24.69 |
| 2 | 187 170 | 10 803 660 | 2 | －11.28% | 94.85% | －98.62% | 44.99 |
| | | | 3 | 60.65% | 65.22% | 54.10% | 4.10 |
| | | | 1 | －4.17% | 100% | －100% | 24.48 |
| 3 | 1 417 985 | 50 711 000 | 2 | －9.31% | 98.44% | －98.54% | 47.48 |
| | | | 3 | 57.45% | 72.73% | 39.52% | 8.9 |

注：上面衡量法中分别为三种方法衡量买卖委托单不平衡

### （三）股票收益率与买卖委托指令不平衡效应

根据第 $t$ 日与 $t-1$ 日个股 $i$ 的收盘价计算股票 $i$ 在第 $t$ 个交易日的股票收益 $R_{it}$，计算公式如下：

$$R_{it} = (P_{it} - P_{it-1}) / P_{it-1} \tag{4-3}$$

式中　$P_{it}$——股票 $i$ 在第 $t$ 个交易日的收盘价；

$P_{it-1}$——股票 $i$ 在第 $t-1$ 个交易日的收盘价。

以此来检验股票 $i$ 在交易第 $t$ 日的收益率及股票 $i$ 在交易第 $t$ 日及其滞后期间的买卖委托单不平衡量之间的关系。

1. 基于买卖委托单不平衡第一种侧重交易日间衡量指标的实证分析

图 4－1 是基于第一种买卖委托单不平衡的侧重交易日间度量方法计算所得的平均买卖委托不平衡数据与平均收益率的横截面时间序列图，从图 4－1 可以看出平均买卖委托单不平衡指标在样本期间呈现出与股票收益率类似的变化趋势。

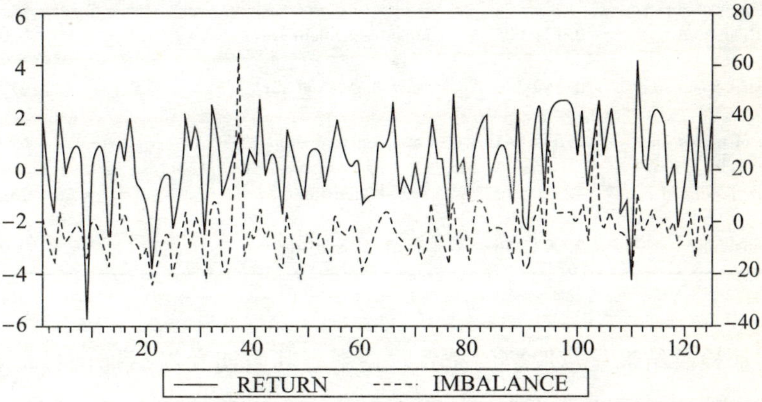


**图 4－1 基于第一种侧重交易日间不平衡指标的收益率与不平衡数据横截面均值时间序列图**

**Figure 4－1 Time－series figure of cross－section mean value about return and imbalance databased on the first kind order imbalance measure index which focuses on interday**

进一步对所获取的横截面/时间序列交易数据进行平稳性检验，所得序列平稳，用自相关相容协方差（Heteroskedasticity and Autocorrelation Consistent Covariances）修正模型中的异方差，对由每只股票的收益率与买卖委托单不平衡数据构成的面板数据进行回归检验，并剔除交易数据缺失较多的股票样本，所得基于第一种侧重交易日间度量方法的买卖委托单不平衡与股票收益率的实证检验结果如表 4－3 所示。

**表 4－3 基于第一种买卖委托单不平衡衡量指标的回归结果**

**Table 4－3 Regression result on the first kind buy and sell orderimbalance measure index**

| Variable | Coefficient | Std. Error | t-Statistic | Prob. |
|---|---|---|---|---|
| C | 0.210 879 | 0.077 221 | 2.730 862 | 0.006 4 |
| RETURN?（－1） | 0.062 412 | 0.030 197 | 2.066 823 | 0.039 0 |
| IMBALANCE? | 0.036 637 | 0.002 448 | 14.962 96 | 0.000 0 |
| IMBALANCE?（－1） | －0.005 262 | 0.002 424 | －2.171 177 | 0.030 1 |
| R-squared | 0.171 608 | Mean dependent var | | 0.067 301 |
| Adjusted R-squared | 0.169 349 | S. D. dependent var | | 2.760 522 |
| S. E. of regression | 2.515 941 | Sum squared resid | | 6 962.958 |
| Log likelihood | －2 583.107 | F-statistic | | 75.957 98 |
| Durbin-Watson stat | 2.092 246 | Prob（F-statistic） | | 0.000 000 |

实证检验结果显示股票的滞后收益率、其当期及滞后期的投资者买卖委托单不平衡与股票当期的收益率之间确实存在线性回归关系。从回归结果可以看到滞后一期的股票收益率系数为 0.062 412，其在统计水平 $\alpha=0.05$ 下显著，即滞后一期的股票收益率对当期的收益率存在着显著的正影响。回归结果同时显示当期以及滞后一期的买卖指令不均衡的系数分别为 0.036 637 及 －0.005 262，在 $\alpha=0.05$ 的统计水平下均显著的影响了当前的股票收益率，从而可以认为基于交易日间买卖委托单不平衡方法所得实证结果显示当前的买卖指令不均衡与当前的股票收益率成正比例，滞后一期的买卖委托单不平衡与当期收益率呈现反向关系。

2. 基于买卖委托单不平衡第二种侧重交易日内衡量指标的实证检验

采用与基于交易日间不平衡度量指标类似的研究方法，获得横截面均值时间序列图及基于每只股票面板数据的实证检验结果分别如图 4－2 及表 4－4 所示。

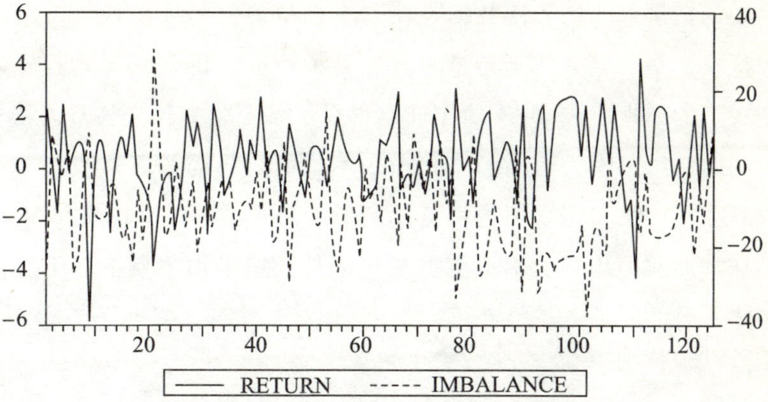


**图 4-2 基于第二种不平衡指标的收益率与不平衡数据横截面均值时间序列图**

**Figure 4-2 Time-series figure of cross-section mean value about return and imbalance data based on the second kind order imbalance measure index**

图 4-2 是在交易期间的不同样本股票横截面数据的平均收益率和基于第二种侧重交易日内不平衡指标计算所得的平均买卖委托不平衡率的时间序列图，图 4-2 中显示在样本期间，股票平均买卖委托单不平衡率呈现与股票平均收益率趋于反向的发展趋势。

表 4-4 如下所示，给出了基于第二种侧重交易日内买卖委托单不平衡的实证检验结果，所得结果同样显示滞后收益率、当期及滞后期的买卖委托单不平衡与收益率之间确实存在线性回归关系。从表 4-4 可以看出，滞后一期内的股票收益率系数为 0.085 581，在 0.05 的统计水平下显著，当期及滞后一期的买卖指令不均衡系数分别为 -0.019 2 及 0.005 89，在 0.05 统计水平下均显著，与第一种衡量方法所得结果相同，两种方法均显示滞后一期的股票收益率对当期的收益存在显著的正向相关，当期以及滞后一期的买卖指令不均衡也显著地影响了当前的股票收益率。而买卖委托单不平衡的当期及滞后期的系数与第一种不平衡度量方法所得实证结果恰好相反，其可能的原因在于基于第一种侧重交易日间买卖委托不平衡的衡量指标的计算是采用了交易日已经撮合的买入卖出交易数据，是市场中已经实现的买卖委托单不平衡的体现，而基于第二种侧重交易日内买卖委托

单不平衡的衡量方法所采用数据是在三个档位最好的买卖报价上的提交的买卖委托量，是未成交的交易量，其在某种程度上讲是交易日投资者对未来预期意愿的体现。表4-4的实证结果显示基于第二种交易日内不平衡衡量方法的回归结果中，当前的买卖指令不均衡与当前的股票收益率成反比例，滞后一期的买卖指令不均衡正比例于当前股票回报率，这与图4-2中呈现的样本期间平均买卖不平衡委托指标与股票平均收益率趋于反向的发展趋势相一致。

**表4-4　基于第二种买卖委托单不平衡衡量指标的回归结果**

**Table 4-4　Regression result on the second kind buy and sell order imbalance measure index**

| Variable | Coefficient | Std. Error | t-Statistic | Prob. |
|---|---|---|---|---|
| C | -0.129 300 | 0.102 583 | -1.260 449 | 0.208 0 |
| RETURN?（-1） | 0.085 581 | 0.042 969 | 1.991 699 | 0.046 9 |
| IMBALANCE? | -0.019 191 | 0.002 115 | -9.073 125 | 0.000 0 |
| IMBALANCE?（-1） | 0.005 890 | 0.002 356 | 2.499 842 | 0.012 7 |
| R-squared | 0.116 159 | Mean dependent var | | -0.055 917 |
| Adjusted R-squared | 0.111 710 | S. D. dependent var | | 2.728 984 |
| S. E. of regression | 2.572 044 | Sum squared resid | | 3 942.783 |
| F-statistic | 26.109 79 | Durbin-Watson stat | | 2.003 411 |
| Prob（F-statistic） | 0.000 000 | | | |

3. 基于买卖委托单不平衡的第三种侧重极端情况衡量指标的检验

对第三种买卖委托单不平衡指标的检验从以下两个方面的假设进行。

假设1：买入委托大于卖出委托不平衡交易日的股票平均收益率与买入少于卖出委托单不平衡交易日的股票平均收益率无显著差异。

①用两种委托单不平衡交易日股票收益率差，做非参数的二项分布 *Bin*（30，0.5）检验，双尾检验结果显示在 $\alpha=0.01$ 水平上拒绝原假设，即差异为零的原假设，结果显示正负买卖委托单不平衡交易日的股票平均收益率存在显著差异。

**表 4－5　买卖委托单不平衡的二项分布检验**

**Table 4－5　Binomial test on buy and sell order imbalance**

| | | Category | N | Observed Prop. | Test Prop. | Asymp. Sig. (2-tailed) |
|---|---|---|---|---|---|---|
| 差 | Group 1 | < = 0 | 29 | 0. 97 | 0. 50 | 0. 000 (a) |
| | Group 2 | > 0 | 1 | 0. 03 | — | — |
| | Total | | 30 | 1. 00 | — | — |

a. Based on Z Approximation.

②对假设 1 采用成对样本的中位数检验，正负买卖委托单不平衡日股票平均收益率的 Wilcoxon 配对检验结果如表 4－6 所示，表中显示正负买卖委托单不平衡日的收益率差异显著，实证检验结果同样显示在买卖委托单不平衡为正时股票平均收益率显著小于买卖委托单不平衡为负时的股票收益率，即在委托买单少于委托卖单交易日的股票平均收益率显著的大于委托买单大于委托卖单的股票日平均收益率。

**表 4－6　正负委托单不平衡日股票平均收益率的 Wilcoxon 检验秩及统计量**

**Table 4－6　Wilcoxon ranks and test statistics on stock mean return in positive-negative order imbalance day**

| | | Ranks | | | Test Statistics | |
|---|---|---|---|---|---|---|
| | | | | | | 正－负 |
| | | N | Mean Rank | Sum of Ranks | Z | －4. 535 (d) |
| 正－负 | Negative Ranks | 29 (a) | 15. 62 | 453. 00 | Asymp. Sig. (2-tailed) | 0. 000 |
| | Positive Ranks | 1 (b) | 12. 00 | 12. 00 | Exact Sig. (2-tailed) | 0. 000 |
| | Ties | 0 (c) | — | — | Exact Sig. (1-tailed) | 0. 000 |
| | Total | 30 | — | — | Point Probability | 0. 000 |

注：a 正 < 负，b 正 > 负，c 正 = 负，d Based on positive ranks.

假设 2：样本考察期间正负买卖委托单不平衡交易日等概率发生。

进一步对假设 2 的买入委托大于卖出委托的不平衡交易日所占比率进行 Wilcoxon 检验，所得实证结果及相应的 $T$ 统计值如表 4－7 所示，在表 4－7 中，正秩均值 15.86 大于负秩均值 10.5，而表 4－7 中 $T$ 统计量检验结果显示，在 0.01 的统计水平上，负买卖委托单不平衡交易日所占比率相对于正买卖委托单交易日所占比率存在显著的不同，也即在样本考察期间，交易者委托买单少于委托卖单的交易日比率显著高于均衡概率 0.5，交易者在样本考察交易日期间更偏好提交委托卖单。

**表 4－7　委托单不平衡比率的 Wilcoxon 检验秩及统计量**

**Table 4－7　Wilcoxon ranks and test statistics on the ratio of order imbalance day**

| | | Ranks | | | Test Statistics | |
|---|---|---|---|---|---|---|
| | | | | | | B-A |
| | | N | Mean Rank | Sum of Ranks | Z | －4.350 (d) |
| B-A | Negative Ranks | 2 (a) | 10.50 | 21.00 | Asymp. Sig. (2-tailed) | 0.000 |
| | Positive Ranks | 28 (b) | 15.86 | 444.00 | Exact Sig. (2-tailed) | 0.000 |
| | Ties | 0 (c) | — | — | Exact Sig. (1-tailed) | 0.000 |
| | Total | 30 | — | — | Point Probability | 0.000 |

注：a B < A，b B > A，c B ＝ A，d Based on negative ranks；其中 A 为正委托单不平衡序列，B 为负委托单不平衡序列。

## （四）买卖委托单不平衡与股票流动性

如前所述，流动性显示了投资者根据市场的基本供求状况，持有的一定数量的资产以合理的价格迅速成交的能力。中国证券市场交易者指令顺序进入指令簿中，遵循价格优先和时间优先的原则进行撮合，投资者提交的买卖委托是推动股价形成和流动性的根本动力，而投资者对特定股票所持有的信息和对未来股价预期存在一定的差异，导致市场上投资者所提交的买入与卖出委托单的不平衡，从而使部分委托单面临当期不能执行的风险，未成交的委托又将为下一个时期的交易提供流动性，本部分将讨论投资者对特定股票所提交的买单与卖单之间差异是否会影响股票流动性。

假设 3：投资者买卖委托单的不平衡对股票流动性没有影响。

参照 Bortolotti，Jong，Nicodano 和 Schindele(2007)[158] 中思想，用 $L_{it}=|(P_n-P_{n-1})/TR|$ 来衡量股票 $i$ 在第 $t$ 个交易日的流动性，其中 $P_n$ 为股票当前交易日价格，$P_{n-1}$ 为前一个交易日价格，$TR$ 是交易期间股票 $i$ 的换手率，即流动性显示单位换手率对应的价格变动需求，这里的换手率以成交股数换手率衡量，对成交金额换手率其结果类似，因此仅考虑成交股数的流动性指标。为考核投资者提交的买卖委托单的差异对股票流动性产生的可能影响，参照国外文献并结合我国实际情况，用股票的交易量、股票的日间波动率、交易价格均值以及日内投资者买卖委托单的不平衡来考察股票流动性。

$$Ln(L_{it})=\beta_0+\beta_1 Ln(\mu_{it})+\beta_2 Ln(Vol_{it})+\beta_3 Ln(Volatility_{it})+\beta_4 Ln(Imbalance_{it})+\varepsilon \quad (4-4)$$

式中 $\mu$——股票交易价格均值；

$Vol$——股票交易量；

$Volatility$——股票价格波动率；

$Imbalance$——股票的日内不平衡委托单。

对股票 $i$ 在第 $t$ 个交易日的波动率定义为：

$$Volatility_{it}=\frac{Dayhigh_{it}-Daylow_{it}}{1/2(Dayhigh_{it}+Daylow_{it})}\cdot 100\% \quad (4-5)$$

式中 $Dayhigh_{it}$——股票当天交易的最高价；

$Daylow_{it}$——股票当天交易的最低价。

对假设 3 的模型修正异方差进行实证检验的结果如表 4-8 和表 4-9 所示，其中表 4-8 是基于第一种侧重交易日间买卖委托单不平衡度量方法的检验结果，表 4-9 是基于第二种侧重交易日内买卖委托单不平衡度量方法的检验结果。

**表 4-8 基于第一种买卖委托不平衡度量方法的流动性回归结果**

**Table 4-8 Liquidity regression result on the first kind buy and sell order imbalance measure index**

Dependent Variable: LN (ABS (L?))

Method: Pooled Least Squares

White Heteroskedasticity-Consistent Standard Errors & Covariance

| Variable | Coefficient | Std. Error | t-Statistic | Prob. |
|---|---|---|---|---|
| LN (μ?) | 0.397 168 | 0.138 825 | 2.860 926 | 0.004 3 |
| LN (VOL?) | -0.832 797 | 0.043 289 | -19.237 86 | 0.000 0 |
| LN (IMBALANCE?) | 0.099 532 | 0.018 338 | 5.427 730 | 0.000 0 |
| LN (VOLATILITY?) | 1.223 877 | 0.063 020 | 19.420 31 | 0.000 0 |
| R-squared | 0.662 963 | Mean dependent var | | 2.030 861 |
| Adjusted R-squared | 0.653 894 | S. D. dependent var | | 1.242 844 |
| S. E. of regression | 0.772 271 | Sum squared resid | | 818.264 4 |
| Log likelihood | -1 614.481 | F-statistic | | 755.632 2 |
| Durbin-Watson stat | 2.098 647 | Prob (F-statistic) | | 0.000 000 |

表中列出了模型的系数和 $T$ 值以及相应的显著性水平。对应每个回归方程的截距，其数值在 17.07 ~20.35 之间变动。回归结果显示基于两种不平衡委托单的度量方法回归中，各解释变量系数均在 0.01 置信水平上显著，从而模型显示股票的交易量、波动率以及股票交易价格均值和买卖委托单不平衡与股票流动性之间确实存在线性回归关系，表 4-8 和表 4-9 显示委托单不平衡系数分别为 0.099 和 0.049，从而可以认为股票流动性与投资者买卖委托单不平衡存在正相关关系。

**表 4－9　基于第二种买卖委托不平衡度量方法的流动性回归结果**

**Table 4－9　Liquidity regression result on the second kind buy and sell order imbalance measure index**

Dependent Variable：LN（ABS（L?））

Method：Pooled Least Squares

Total panel（unbalanced）observations：1410

White Heteroskedasticity-Consistent Standard Errors & Covariance

| Variable | Coefficient | Std. Error | t-Statistic | Prob. |
|---|---|---|---|---|
| LN（μ?） | 0.312 274 | 0.144 119 | 2.166 776 | 0.030 4 |
| LN（VOL?） | －0.939 044 | 0.046 923 | －20.012 57 | 0.000 0 |
| LN（IMBALANCE?） | 0.049 115 | 0.019 202 | 2.557 817 | 0.010 6 |
| LN（VOLATILITY?） | 1.208 718 | 0.065 987 | 18.317 57 | 0.000 0 |
| R-squared | 0.660 488 | Mean dependent var | | 2.043 689 |
| Adjusted R-squared | 0.651 387 | S. D. dependent var | | 1.248 946 |
| S. E. of regression | 0.778 578 | Sum squared resid | | 834.109 7 |
| Log likelihood | －1 630.592 | F-statistic | | 749.904 1 |
| Durbin-Watson stat | 2.077 857 | Prob（F-statistic） | | 0.000 000 |

## 第三节　交易规模、买卖委托单不平衡与市场流动性供给研究

在中国指令驱动的证券市场中，通常股票的交易规模产生于交易者的买入与卖出委托，是在买入与卖出价格下的交易测度，显示了已发生的交易数额。股票的平均日交易规模越大，通常交易进行的越活跃，股票流动性也越强；而委托单不平衡起源于交易者的委托意愿，投资者对特定股票投资的偏好及由此产生的股票交易规模与买卖委托单不平衡的差异是影响证券市场运行的关键因素，而市场的交易状况又反过来左右了投资者的买卖委托行为。研究投资者潜在需求的实现过程及其行为主要功能在于股票

价格的发现，而价格变动的影响是流动性问题的实质所在。本节将对股票交易规模与交易者指令不平衡及市场流动性供给进行研究。

## 一、数据来源

本节选取2007年1月前在上海证券交易所上市并正常交易的上证180指数的成分股股票为研究对象，以2006年7月3日—12月29日共125个交易日为样本考察区间，为保证样本的真实性和可靠性，剔除在样本考察期间样本数值缺失较多的股票，并为考核不同规模的企业对交易规模、买卖委托不平衡的影响，依据样本考察期间股票最低A股平均流通市值将样本股票划分为大、中、小三个不同市值组合，取得每组包含的41只股票，获取其在样本考察期间的买入与卖出委托单、股价和成交量等交易数据并分别对每组数据进行实证检验。

## 二、研究方法

### （一）交易规模、买卖委托单不平衡与股票流动性

流动性的形成和提供主要通过投资者的买卖委托博弈，并依赖于其提交的委托深度，投资者策略选择导致的交易规模变化以及控制交易规模时，投资者所提交的买入委托单与卖出委托单之间的差异是否会影响股票流动性，本部分将对此进行研究。

同样仅以成交股数的流动性指标为研究对象，考虑到中国证券市场的具体特征，将股票日成交规模依据以下标准划分为三类：日交易规模小于等于500万股；500万～1000万股以及1000万股以上。对以下方程进行检验考察投资者交易规模的可能影响。

$$Log(L_t) = \alpha_0 + \alpha_1 Log(L_{t-1}) + \cdots + \alpha_4 Log(L_{t-4}) + \beta_0 Log(Size_t) + \beta_1 Log(Size_{t-1}) + \varepsilon_t \quad (4-6)$$

$$Log(L_t) = \alpha_0 + \alpha_1 Log(L_{t-1}) + \beta_0 Log(Imb_t) + \varepsilon_t \quad (4-7)$$

式中 $L_t$——股票第 $t$ 天的流动性；

$Size_t$——股票第 $t$ 天的交易规模；

$Imb_t$——股票第 $t$ 天的买卖委托单不平衡。

### （二）股票交易规模与买入与卖出委托单不平衡

对交易涉及的时间序列数据而言，格兰杰因果关系（Granger Causality）所显示的是一个交易变量是否对另一交易变量具有显著的滞后影响。为了考察股票交易规模与买入与卖出委托单不平衡之间的关系，对如下回归方程进行 Granger 因果检验，用于判断股票交易规模与买卖委托单不平衡之间的因果关系，检验交易规模是否是导致买卖委托单不平衡变化的原因。

$$Imb_t = \alpha_0 + \alpha_1 Imb_{t-1} + \cdots + \alpha_q Imb_{t-q} + \beta_1 Size_{t-1} + \cdots + \beta_q Size_{t-q} + \varepsilon_t \quad (4-8)$$

$$Size_t = \gamma_0 + \gamma_1 Size_{t-1} + \cdots + \gamma_q Size_{t-q} + \lambda_1 Imb_{t-1} + \cdots + \lambda_q Imb_{t-q} + \mu_t \quad (4-9)$$

式中 $Imb_t$——股票第 $t$ 天的买卖委托单不平衡；

$Size_t$——股票第 $t$ 天的交易规模。

## 三、实证检验结果

### （一）交易规模与股票流动性

对交易规模与流动性的实证检验结果如表 4-10 所示，表 4-10 列出了不同流通股市值下不同交易规模的样本股票其交易规模的回归系数、对应统计显著水平以及回归拟合度 $R^2$。

**表 4-10 交易规模与流动性回归检验结果**

**Table 4-10 Regression result on trade size and liqudity**

| 交易规模<br>流通市值 | | 小于 5 000 000 股 | 5 000 000 ~ 10 000 000 股 | 10 000 000 股以上 |
|---|---|---|---|---|
| 小 | 回归系数 | 0.139 9 | 0.136 2 | 0.034 2 |
| | 显著水平 | (0.009 8) | (0.004 9) | (0.651 8) |
| | 拟和度 | (0.081 9) | (0.005 9) | (0.162 0) |
| 中 | 回归系数 | 0.133 4 | 0.083 9 | 0.000 6 |
| | 显著水平 | (0.067 6) | (0.056 1) | (0.991 2) |
| | 拟和度 | (0.192 7) | (0.070 3) | (0.099 4) |
| 大 | 回归系数 | 0.022 9 | -0.050 4 | 0.108 8 |
| | 显著水平 | (0.769 1) | (0.470 4) | (0.007 5) |
| | 拟和度 | (0.067 0) | (0.100 7) | (0.263 0) |

从表4-10的实证检验结果可以看出，对不同流通市值的上市企业，针对不同交易规模的股票面板数据回归结果显示在交易规模低于10 000 000股的中小流通市值企业，以及交易规模大于10 000 000的大流通市值企业，交易规模的回归系数均大于0，并在0.01的统计水平上显著，从而可以认为，在对应的流通市值及交易规模上，股票交易规模与股票流动性呈现显著的正相关性。而对于交易规模较大的中小流通市值企业以及交易规模较小的大流通市值企业，交易规模与股票流动性则不存在明显相关性。相应的每个区间间隔内样本股票交易规模与流动性的横截面均值时间序列图4-3-1至4-3-9所示：从图中也可以看出与表4-10所得结果类似结论，图4-3-1、4-3-2、4-3-4、4-3-5、4-3-9中流动性与交易规模显现类似的发展趋势，而在其他图中未呈现其趋势。

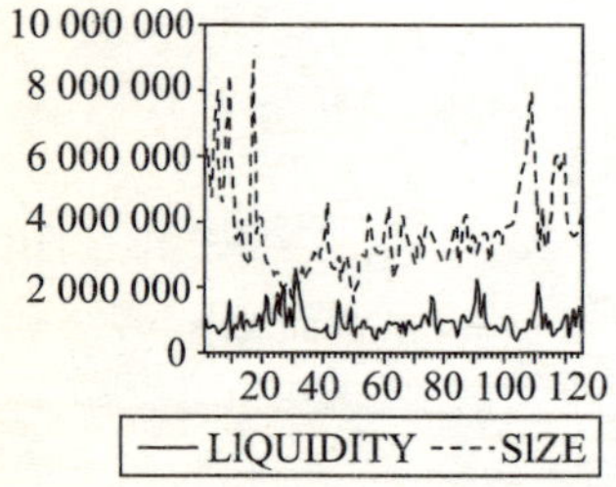


**图4-3-1**

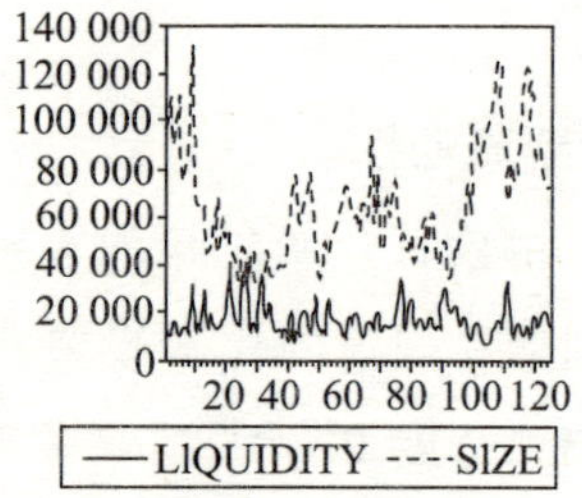


**图4-3-2**

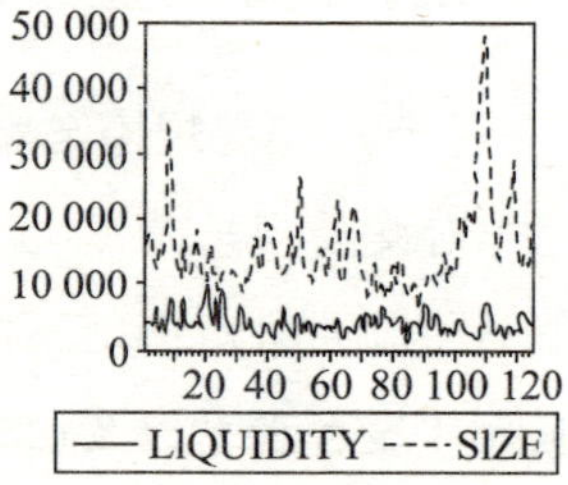


**图4-3-3**

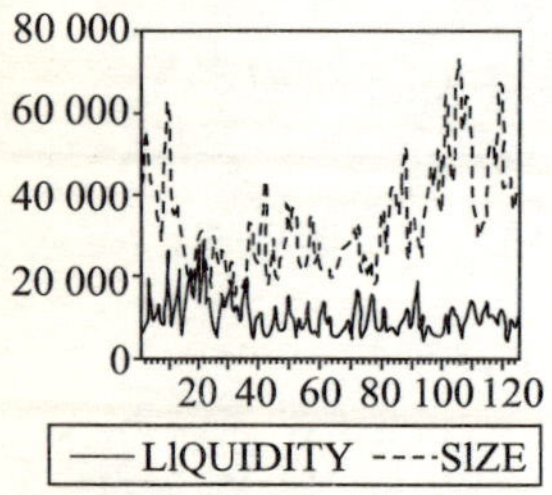


**图4-3-4**

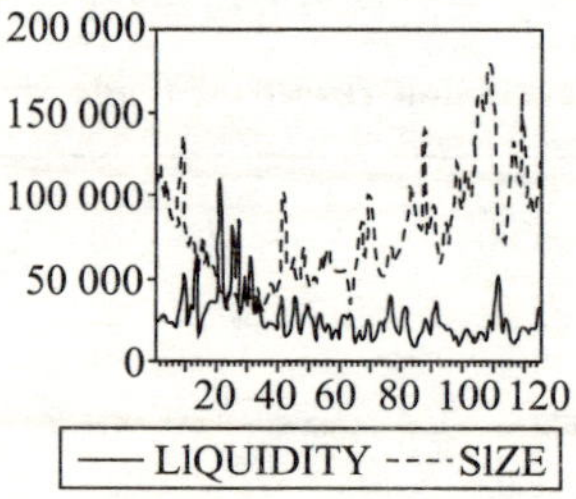


**图4-3-5**

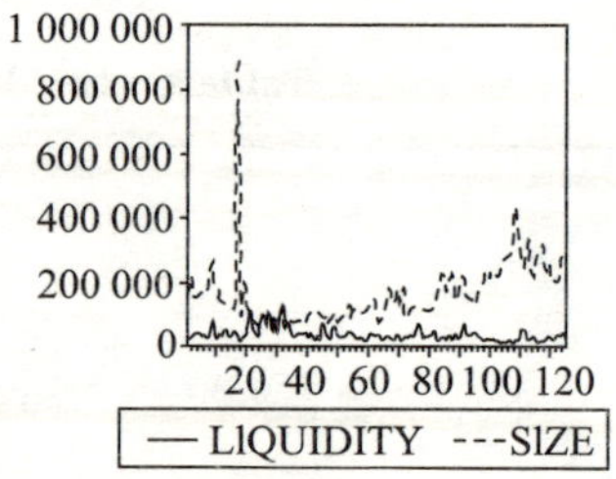


**图4-3-6**

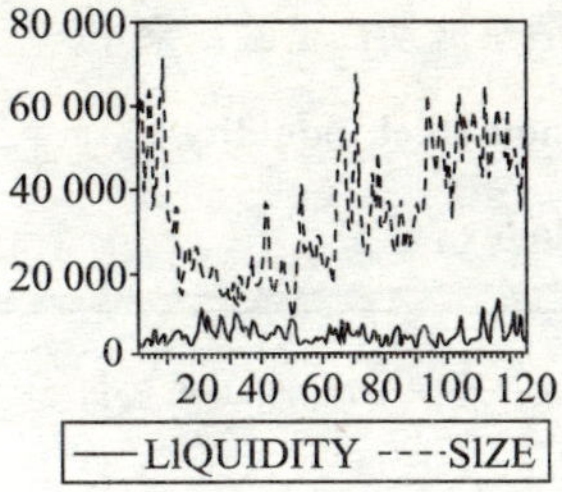


图 4-3-7

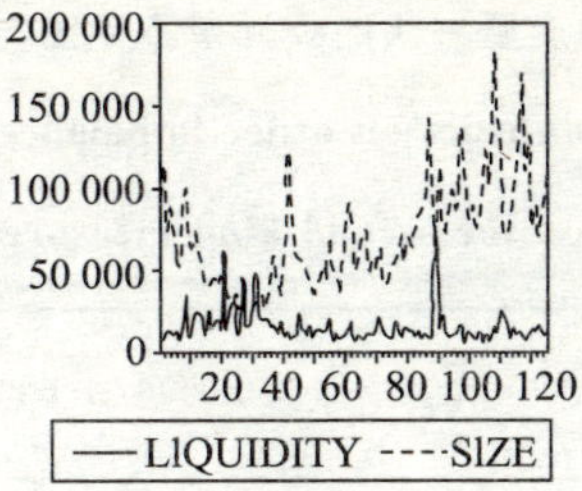


图 4-3-8

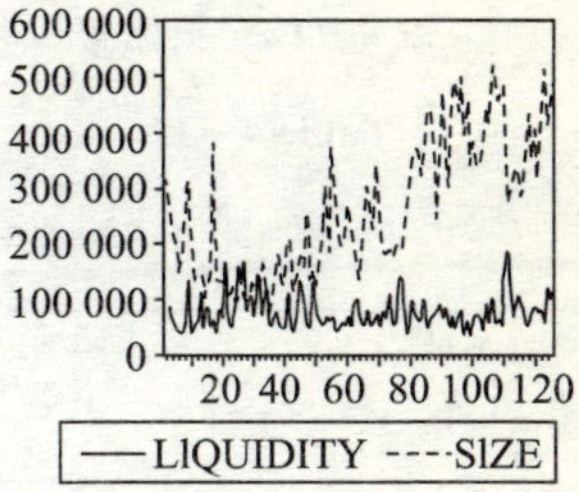


图 4-3-9

**图 4-3　不同区间样本股票交易规模与流动性的横截面均值时间序列**

**Table 4-11　Test statistics on order imbalance and stock liquidity based on the first kind measure index**

## （二）不同交易规模的买卖委托单不平衡与股票流动性

交易者在根据买卖委托单不平衡的第一种侧重交易日间衡量方法与根据第二种侧重交易日内衡量指标的买卖委托单不平衡与股票流动性的检验结果分别如下表 4-11 和表 4-12 所示，表中列出了模型的委托单不平衡系数、相应的显著性水平以及回归拟合度 $R^2$。

**表 4-11　根据第一种度量方法的委托单不平衡与股票流动性检验结果**

**Table 4-11　Test statistics on order imbalance and stock liquidity based on the first kind measure index**

| 交易规模<br>流通市值 | | 小于 5 000 000 股 | 5 000 000 ~ 10 000 000 股 | 10 000 000 股以上 |
|---|---|---|---|---|
| 小 | 回归系数 | 0.268 0 | 0.120 6 | 0.236 0 |
| | 显著水平 | (0.000 0) | (0.005 0) | (0.057 5) |
| | 拟和度 | (0.377 3) | (0.214 4) | (0.653 3) |
| 中 | 回归系数 | 0.094 7 | 0.187 9 | 0.088 6 |
| | 显著水平 | (0.013 8) | (0.000 0) | (0.003 6) |
| | 拟和度 | (0.394 6) | (0.440 3) | (0.215 5) |
| 大 | 回归系数 | 0.206 9 | 0.227 9 | 0.117 9 |
| | 显著水平 | (0.000 1) | (0.000 0) | (0.000 0) |
| | 拟和度 | (0.355 6) | (0.273 5) | (0.376 5) |

**表 4－12　根据第二种度量方法的委托单不平衡与股票流动性检验结果**

**Table 4－12　Test statistics on order imbalance and stock liquidity based on the second kind measure index**

| 交易规模<br>流通市值 | | 小于 5 000 000 股 | 5 000 000～10 000 000 股 | 10 000 000 股以上 |
|---|---|---|---|---|
| 小 | 回归系数 | －0.038 6 | 0.044 7 | 0.251 4 |
| | 显著水平 | (0.441 8) | (0.371 7) | (0.002 0) |
| | 拟和度 | (0.237 1) | (0.116 6) | (0.791 2) |
| 中 | 回归系数 | －0.034 2 | 0.055 7 | 0.176 9 |
| | 显著水平 | (0.666 4) | (0.168 6) | (0.000 0) |
| | 拟和度 | (0.295 3) | (0.238 3) | (0.199 8) |
| 大 | 回归系数 | 0.031 7 | －0.061 2 | 0.108 6 |
| | 显著水平 | (0.595 4) | (0.446 5) | (0.000 2) |
| | 拟和度 | (0.302 5) | (0.232 3) | (0.377 6) |

从表 4－11 的实证检验结果可以看出，在对买卖委托单不平衡的度量以第一种方法侧重交易日间数据为基础时，对应股票委托单不平衡与流动性回归结果显示，买卖委托单不平衡回归系数均为正值且在 0.01 置信水平上显著，从而可以认为在不同交易规模及不同流通市值下，侧重交易日间相关数据的股票买卖委托单不平衡均显著的正相关于股票的流动性，投资者的买卖委托意愿显著的影响了股票的流动性，投资者对买单比卖单的偏好导致了股票流动性的增加。而表 4－12 中，建立在第二种侧重交易日内数据基础上度量买卖委托单不平衡时，对应不同各流通市值控制其股票交易规模影响，低于 10 000 000 股交易的股票买卖委托单不平衡与股票流动性没有明显的相关性，而对于交易规模高于 10 000 000 股的股票，买卖委托单不平衡与股票流动性呈现明显的正相关关系，从而对于交易规模较大的股票，来自于每笔交易数据的实证结果显示，投资者对交易日内分笔买单与卖单偏好的差额越大，股票流动性越强。

### （三）股票交易规模与买卖委托单不平衡

由于检验对滞后阶数的敏感，选取适当的滞后期为最佳滞后期，截面时间序列数据的 Augmented Dickey-Fuller 平稳性检验所得结果表明序列均

为平稳 $I$（$0$）过程。获得基于第一种侧重交易日间数据与第二种侧重交易日内数据的买卖委托单不平衡与股票流动性的 Granger 因果关系检验结果分别如下表 4－13 和表 4－14 所示。

**表 4－13 股票交易规模与基于第一种侧重交易日间数据的委托单不平衡检验结果**

**Table 4－13 Test statistics on trade size and order imbalance which based on first kind measure index which focuses on interday data**

| 样本组 | SIZE→IMB | | | | | IMB→SIZE | | | | |
|---|---|---|---|---|---|---|---|---|---|---|
| | P 值分布百分比 | | | | P 均值 | P 值分布百分比 | | | | P 均值 |
| | P＜0.01 | 0.01＜P＜0.05 | 0.05＜P＜0.1 | P＞0.1 | | P＜0.01 | 0.01＜P＜0.05 | 0.05＜P＜0.1 | P＞0.1 | |
| 小 | 0 | 0 | 9.76 | 90.24 | 0.593 4 | 4.88 | 14.63 | 12.2 | 68.29 | 0.331 6 |
| 中 | 0 | 0 | 4.88 | 95.12 | 0.542 2 | 2.44 | 4.88 | 2.44 | 90.24 | 0.506 4 |
| 大 | 0 | 7.32 | 2.44 | 90.24 | 0.516 1 | 0 | 2.44 | 7.32 | 90.24 | 0.624 7 |

**表 4－14 股票交易规模与基于第二种侧重交易日内数据的委托单不平衡检验结果**

**Table 4－14 Test statistics on trade size and order imbalance which based on second kind measure index which focuses on intraday data**

| 样本组 | SIZE→IMB | | | | | IMB→SIZE | | | | |
|---|---|---|---|---|---|---|---|---|---|---|
| | P 值分布百分比 | | | | P 均值 | P 值分布百分比 | | | | P 均值 |
| | P＜0.01 | 0.01＜P＜0.05 | 0.05＜P＜0.1 | P＞0.1 | | P＜0.01 | 0.01＜P＜0.05 | 0.05＜P＜0.1 | P＞0.1 | |
| 小 | 0 | 14.63 | 4.88 | 80.49 | 0.460 0 | 0 | 7.32 | 14.63 | 78.05 | 0.436 2 |
| 中 | 2.44 | 4.88 | 0 | 92.68 | 0.607 6 | 2.44 | 2.44 | 7.32 | 87.8 | 0.395 6 |
| 大 | 2.44 | 4.88 | 4.88 | 87.8 | 0.437 4 | 2.44 | 0 | 7.32 | 90.24 | 0.476 7 |

从表 4－13 和表 4－14 可以看出，在检验 *Size* 是否是 *Imb* 的 Granger 原因时，以及检验 *Imb* 是否是 *Size* 的 Granger 原因时，在不同流通市值的样本组内，由交易规模变化不能引起用第一种侧重交易日间数据衡量的委托单

不平衡变化的概率均值在0.516 1～0.593 4之间变动，而此买卖委托单不平衡不能引起股票交易规模变化的概率均值在0.331 6～0.624 7间变化。同样，在不同流通市值的样本组内，由交易规模变化不能引起用第二种侧重交易日内分笔数据度量的买卖委托单不平衡变化的概率均值在0.437 4～0.607 6间变动，而对应买卖委托单不平衡不能引起股票交易规模变化的均值在0.395 6～0.476 7之间。两种结果均显示不能在相应的显著性水平下拒绝假设，这表明买卖委托单不平衡与股票交易规模不存在因果关系，彼此不是导致另一方变动的原因。

## 第四节　本章小结

买卖委托单不平衡显示了投资者对特定股票投资的偏好方向，本章首先分析了买卖委托单不平衡内涵，并根据中国指令驱动市场特征，从交易者日间委托、交易日内买卖委托以及市场上存在私有信息或重大经营变动公告三种状况下给出了买卖委托单不平衡的衡量方法，在此基础上采用上海A股市场高频交易数据，对委托单不平衡与股票收益率及流动性之间关系及股票交易规模、买卖委托单的不平衡与股票流动性之间关系进行的研究，得到以下主要结论：

①当期及滞后一期的买卖指令不均衡显著地影响了当前的股票收益率，滞后一期的股票收益率与当期的股票收益率存在着显著的正向相关关系；

②委托买单少于委托卖单交易日的股票平均收益率显著大于委托买单大于委托卖单的股票日平均收益率；样本考察期间，交易者委托买单少于委托卖单的交易日显著高于一般均衡概率，交易者在样本考察交易日期间更偏好委托卖单；股票流动性与买卖委托单不平衡正相关；

③在交易规模偏高的大流通市值的企业，以及交易规模偏低的中小流通市值的企业，股票交易规模与流动性呈现出显著的正相关性；

④股票买卖委托单不平衡与交易规模不存在明显的因果关系，前期的交易规模并没有导致买卖委托单不平衡变化，反之亦然；

⑤控制不同流通市值股票的交易规模，以侧重交易日间数据指标度量的股票买卖委托单不平衡显著的正相关于股票的流动性，投资者对买单的偏好导致了股票流动性的增加；建立在侧重交易日内分笔数据指标基础上的买卖委托单不平衡，对于较高交易规模的股票，其与股票流动性呈现出明显的正相关关系；也即交易规模较高时，投资者对分笔买单与卖单偏好的差额越大，股票流动性越强。

# 第五章

# 基于交易者委托单策略选择的市场信息性交易概率的测定

在资产交易过程中，投资者的交易过程首先从对信息的获取开始，通过对宏观经济情况、上市公司的财务状况、市场上的买卖委托数量、价格以及对应的成交量、资金账户余额等信息的分析，将潜在的投资需求转化为现实的投资策略和行为，在可行的市场交易机制下，使得投资者的买卖委托得以实现，并对投资者在交易日的交易行为进行交割和清算，从而构成了相互承接和配合的交易过程。

在此过程中，信息的获取是投资者进行策略选择的关键，在交易者选择自己的委托单提交战略时，由于对特定股票所持有的信息、对未来股价的预期、投资观念及执行意愿等存在一定的差异，从而导致了不同的委托单提交行为，并由此引起了指令簿中买入与卖出委托单的不平衡。委托指令簿作为交易者主要的信息来源，在投资者的交易过程中扮演了重要角色，交易者提交到指令簿中的委托单也显示了其持有信息的差异，指令簿中失衡的委托单带来了市场上交易状态的变化，而交易状态的变化又反过来左右了投资者的委托单提交、撤销行为，从而区分指令簿中来自于不同委托单提交者的信息差异，判断其基于信息的交易类型，对于随后到达的交易者的投资行为具有重要的参考价值，并有利于降低私有信息的赢利空间，维持证券市场的健康运行。

同时，在指令簿中委托单不平衡状态也显示了市场中股票信息的非对称程度，而信息性交易的概率问题（Probability of Informed Trading，PIN）是考虑持有信息的交易者其提交的委托单在市场上所有成交的委托单中所占的比例，该方法最初用于研究是否基于不同信息交易能够解释所观察到的活跃的与不频繁交易的股票之间价差的不同。信息性交易概率可看做股票信息不对称程度的代理变量，以往对信息交易概率的评估大多假设市场上存在单一的、风险中性的做市商，其面临两种类型的交易者：信息性交易者及流动性（非信息性交易者）如 Glosten 和 Milgrom(1985)[20]；Kyle(1985)[2]；Easley 和 O'Hara(1987)[86]；Easley，Kiefer 和 O'Hara(1997)[87]等，非信息交易者想从信息性交易者处获取关于资产的真实价值，在不存在做市商的指令驱动的中国证券市场，市场参与者行为以及私人信息是如何融入价格的形成过程中呢，如何从公开可获取的信息判断信息性交易者的交易概率问题，本章将对此展开进一步的讨论，考虑发生在日内的指令提交所致交易其信息性交易概率如何评估问题。

## 第一节　投资者类型

一个交易的重要特征在于它发生的事实和时间、价格和数量、以及交易是由买者还是卖者发起的。其中，投资者是证券市场交易中的基本构成要素，投资者按照自己的买卖意愿提交买卖委托价格和数量，通过做市商或指令簿的撮合匹配，实现其交易意向。

对信息性交易的研究首先在于区分在交易过程中涉及的投资者类型，在大多以往的经济理论研究中，通常假设投资者是同质的，个人与他人之间是无差别的，具有完全的可替代性。而世界上的任何事物都是千差万别，特别的对交易过程中发生交易行为的投资者个体，由于其持有的信息及在信息处理过程中个人特质、投资理念、执行意愿及教育和环境等因素的差异，表现在交易行为特征上的个体差异也必然存在。同时随着行为金融的发展，使人们开始更多的关注于投资者心理的因素，在心理学上的异质指个人在认识、情感以及意志等方面表现出来的相对稳定而又不同于他人的特点，表现在证券交易过程中，就是不同投资者对同一资产价值也存在着不同的评价。因此，从市场上的投资者所掌握的信息差异角度，主要可划分为对信息知情的交易者和未知情的交易者。知情交易者拥有资产真实价值的私有信息，并利用其持有的信息进行交易；未知情交易者可能出于流动性需求或者公共信息而进行交易，从而成为流动性交易者或噪声交易者。

在交易过程中，由更为精细的观测通常能识别出交易的主动方和被动方。主动交易者通常指寻求立即交易并愿意为此付出一定代价的经济实体（Demsetz，1968）[12]，被动交易者通常指立即交易的提供者。一般提交市价委托的投资者是主动投资者，他们需要交易的即时性并推动交易价格趋向自己的交易方向；而提交限价委托的投资者则通常属于被动的投资者，他们提供交易的即时性，并有稳定价格的作用。

在对投资者信息性交易的研究中，对不同类型投资者在交易过程中所表现出来的交易的集群性，通常认为是由知情投资者持有的信息所驱动的。在交易过程中，如果是流动性交易者的随机的交易行为导致了市场中投资者交易的集群性，那么含有交易相关信息的各种代理变量及当前市场的委托状况不应该对未来的交易具有预测的能力。否则的话，如果标志市场现行状态的变量对未来交易的集中程度或者频率存在一定的影响，则说明投资者交易的集群性特征不是由流动性交易者的随机的交易行为所造成的，当前的市场信息确实影响着市场中未来交易的发展趋势，因此对信息的测度成为研究交易集群性的基础。

## 第二节　投资者的贝叶斯更新过程

在金融市场中，当投资者进行委托单策略的选择时，关于交易资产的价值的认识，将面临一定程度的不确定性。投资者在进行决策前，对交易资产价值相关事件发生的可能性存在着一个判断，然后会根据市场中新形成的交易信息来修正这个判断，在统计学上称修正之前的判断为先验概率（Prior Probability），修正之后的判断为后验概率（Posterior Probability）。贝叶斯规则就是根据新的信息从先验概率得到后验概率的基本方法，最早由T. Bayes提出，贝叶斯规则的主要思想在于使用概率去表示所有形式的不确定性，用于处理信息不完全、不精确的推理。

在报价驱动的证券市场中，贝叶斯规则通常被用于分析做市商的定价行为，做市商从交易中获取相关信息，调整其对资产真实价值的预期，进而调整报价。在指令驱动市场投资者的交易过程中，贝叶斯规则就是用新的信息不断更新买卖投资者已有的看法，描述投资者的买卖报价对交易揭示信息所作的不断的动态调整过程，因此分析交易者的相关的学习和更新信息的过程也是研究市场信息性交易概率的基础。

投资者提交买卖委托单的交易过程，也是投资者的更新交易资产相关价值信息的过程。在此过程中，每一个发生交易行为的投资者个体由于特质的差异都有一个判断，即关于资产价值的先验概率，该先验概率是投资者认为关于资产价值的随机数是某个确定实现值的事件发生的概率，反映了投资者所拥有的关于可能发生的实现值事件的相关背景知识，是根据过去的交易状况或个人的主观判断所确定的事件发生的概率，而该概率未经过实验的证实，属于检验前的事件。投资者的先验概率一般分为主观和客观两类，客观先验概率是指利用过去的交易事件计算得到的概率；主观先验概率是指在以往交易数据不全时凭借投资者的主观经验来判断取得的概率。随着交易的进行，投资者用新观察到的交易信息相关数据，计算当信息发生时，资产价值为某个特定实现值的条件概率即后验概率，该后验概率又转变成投资者新的先验概率。因此，投资者的交易过程，也就是用新的交易相关信息数据不断更新个体判断，对先验概率不断修正，从而得到更符合实际的概率的学习过程。

如上一节中所述，在金融市场上的交易者根据其所掌握信息的不同，可以划分为知情的信息性交易者和未知情的非信息性交易者，对于交易资产的未来价值，拥有较多信息的信息性交易者较非信息交易者更可能在市场交易中处于优势地位，更可能较为准确的更新后验概率，并存在利用所掌握的资产未来价值信息进行交易的意愿；而未知情交易者会根据来自市场指令流的信息不断推测资产的真实价值，在对未来资产价值的预期及对市场中交易者行为进行学习和更新判断基础上调整相应的买卖报价，对资产进行交易。随着交易的进行，信息不断地在交易价格中得到反映。

## 第三节　指令驱动市场信息性交易概率的测定

### 一、基本假设

模型建立在指令驱动的中国证券市场，以此为研究对象，根据中国沪深股市的特点，对模型做以下描述和基本假设：

1. 市场中存在两种类型交易者

如前面章节所述，沿用 Handa(2003)[74]中关于市场中投资者划分的思想，假设在金融市场交易中存在两种类型的投资者，即市场由仅能观察到资产公开信息的非信息交易者和拥有资产私人信息、能够观察到市场上所有的信息（包括私人以及公开信息）的信息性交易者组成。设在所考虑交易时期的第 $t$ 个交易区间内，信息性交易者存在数量占市场中所有交易者数量的比重为 $I_t$，当选择进入市场时，根据其持有的信息及对未来的预期，选择提交指令进行交易的比率为 $O_t$；非信息交易者在交易的第 $t$ 个交易区间内存在数量为 $N_t$，明显非信息性交易者在市场中所占比重为 $1-I_t$，其在第 $t$ 个交易区间中根据观察市场中其他交易者的行为及自身对资产未来价值的预期，选择提交购买指令进行交易的比率为 $OB_t$，选择提交卖出指令

进行交易的比率为 $OS_t$。

市场上所有交易者均是风险中性的，其行为满足预期效用的最大化。且同样假设市场中只存在一种风险资产，资产的真实价值是随机的 $V$。市场上异质信息的投资者根据自身偏好及持有信息和对不同信息理解的差异，会对交易资产的价值存在着不同的评价。从而，在模型所考虑的第 $t$ 个交易区间开始时期，投资者根据市场公开信息对交易资产价值的认识是建立在上一个交易区间的认识基础上，因此认为资产价值为 $V_{t-1}^{Bid}$ 的较高评价的投资者，其对该金融资产价值持较乐观的态度，是潜在的资产买入者；认为资产价格为 $V_{t-1}^{Ask}$ 的较低评价的投资者，其对该金融资产价值持较悲观的态度，是资产潜在的卖出者。由于交易群体分布的随机性，假设在信息性与非信息性交易者中，对资产价值的高低两种不同评价的投资者在对应区间全部交易者中所占比率相同，也即在资产交易的第 $t$ 个区间，两类投资者在区间所有交易者中所占的比率分别为 $R_t$ 和 $1-R_t$。

2. 交易者可以选择提交市价指令或者限价指令

如前所述，在 2006 年之前中国的证券市场仅允许限价委托，目前深圳和上海的证券交易所已分别于 2006 年 7 月 1 日和 2006 年 8 月 7 日允许投资者可以选择提交市价委托。根据中国证券市场目前的特征，假设交易者可以选择提交的指令包括市价和限价两种指令。市价指令是在市场上可见最好价格上立即成交的委托单，是客户用于委托会员按市场价格买卖证券。限价指令以设置的一个最好价格为基准进行买卖，是客户委托会员按其限定的价格买卖证券，会员必须按限定的价格或低于限定的价格申报买入证券；按限定的价格或高于限定的价格申报卖出证券。

3. 信息事件的发生是随机的

在交易进行中的第 $t=i$ 个交易区间内，假设信息事件在此交易区间内发生的概率为 $\theta_t$，也即信息事件在此交易区间内不发生的概率为 $1-\theta_t$；同时进一步假设如果对资产价值有影响的信息事件发生了，则此信息事件对资产价值存在利好影响的概率为 $\delta_t$，而对资产价值存在利差影响的概率为

$1-\delta_t$。

4. 集合竞价和连续竞价撮合机制

在目前中国的上海和深圳证券交易所中，采用的均为集合竞价和连续竞价两种委托单撮合方式，每个交易日的上午9：15～9：25期间为集合竞价时间，其余时间为连续竞价时间。集合竞价期间，沪深两市交易所的指令撮合系统存储投资者提交的买卖委托，直到申报竞价时间结束才依据集合竞价机制，产生交易日当天的股票开盘价格；集合竞价结束后，进入连续竞价时间，交易所的指令撮合系统将及时处理投资者提交的买单、卖单及撤单委托，依据投资者提交的委托信息进入交易撮合系统的时间顺序，遵照价格优先及时间优先原则对买卖委托进行自动撮合并记录撮合结果，出清交易者特定价位上的委托单。从分析家软件、Wind资讯数据库以及上海证券交易所提供的交易数据中，可以获取股票较为详细的高频分笔交易情况以及每5分钟交易的成交明细。根据可获取高频数据的特征，将投资者的交易依据股票每天五分钟的分时交易数据涉及的4个小时的交易日连续竞价时间划分为48个交易区间，从每个交易时段考虑市场上的投资者信息性交易概率。计算市场中的信息性交易概率也即计算在市场中包含信息性交易者的交易占所有交易的比率，是计算关于资产的私有价值的信息发生时，含有信息性交易者参与的交易活动占市场上总的交易活动的比率，用来评价市场上持有信息进行交易的情况。

## 二、非信息性交易者的指令

投资者进入市场从事交易，由于选择提交指令的非信息投资者仅能够获取市场上关于资产价值的公开信息，因此在任一正常交易日的开始时段，第一个五分钟分时交易期间，假设其所采取的买卖指令策略将遵循等概率原则是合理的，从而可知在交易的第一个区间内 $OB_1=1-OB_1=1/2$。

在随后的交易区间内，在异质信息的交易环境中，不同类型的投资者在交易过程中可能表现出一定程度的交易集群性；非信息交易者处于信息劣势，无法直接获取信息交易者所持有的私有信息，但可以通过观察市场中其他投资者的买卖行为来推断其持有的信息，并学习其交易行为。在此过程中，容易产生非信息交易者的一定程度的“羊群行为”；同时，基于行为金融的理论可以认为，市场中的投资者并非完全理性的，非信息交易者的交易行为会受到来自外界环境和自身内在特质的影响，来自于心理偏差的困扰，使得其在无法观察到股票基本信息时，搭便车模仿其他交易者的行为。

羊群行为具有的学习与模仿特征以及投资者的从众心理使得非信息投资者的交易行为具有一定的趋同性，并导致投资者在同一时间采用相同的投资手段买卖股票。另外市场上的交易者买卖交易策略将受到市场上已经成交的股票交易价格行为的影响（Easley，Kiefer，O'Hara and Paperman，1996）[35]，对于市场中的非信息交易者，其将根据市场上的交易价格的运行情况、自身的风险承受力、交易偏好及已获知的市场上部分私有信息，依据新的市场状态变更自己的买卖委托策略；而行为金融的理论认为，投资者的心理偏差使得其在面对不确定的消息时会存在过度反应的情形，从而假设非信息交易者在交易价格上涨的时候会跟风提高买入股票的比率，在交易价格下跌时会增加其出售股票的比率是合理的。而正如 Tversky 和 Kahneman（1974）[159]所认为的在许多情况下，投资者的交易行为往往通过对一个存在的初始值进行调整并进行评估而得，初始值或者开始点可能只是问题的简单陈述，或者只是部分计算的结果。通常情况下，市场上的调整往往是不充分的，不同的初始点将得到不同的评估值，估计值是偏向于初始值的，这种现象被称为锚定现象，锚定效应在股市上显示了投资者保守主义的偏差。据此认为在第 $t=i$ 个交易区间内，市场中投资者所进行的交易将存在一个锚定的初始值，辅以锚定初始值受到之前已成交价格行为影响的因素，从而以上一个交易区间的该交易资产的最高成交价格和最低成交价格的均值为当前交易区间的锚定初值，并以此根据市场上的信息提交交易指令，在投资者学习信息更新看法的过程中，采用当前股票价格相对于上一个交易区间的股票交易最高成交价格和最低成交价格均值的差额占上一交易区间最高股价与最低股价差额中值的比率来计算当前及其以后每个随后交易区间的交易者更新买卖指令策略的比率，该比率可以用下面的公式表示：

$$k = (P_t - (P_h + P_l)/2)/(P_h - (P_h + P_l)/2) \quad (5-1)$$

式中 $P_t$——第 $i$ 个交易区间股票交易价格；

$P_h$——第 $i-1$ 个交易区间股票交易最高价格；

$P_l$——第 $i-1$ 个交易区间股票交易最低价格。

从而，可以获得非信息交易者在随后的每个新交易区间选择提交购买指令的比率：

$$OB_i = OB_{i-1} \cdot [1 + (P_t - (P_h + P_l)/2)/P_h - ((P_h + P_l)/2)] \quad (5-2)$$

相应地，选择提交卖出指令的比率可表示为：

$$OS_i = 1 - OB_{i-1} \cdot [1 + (P_t - (P_h + P_l)/2)/P_h - ((P_h + P_l)/2)] \quad (5-3)$$

## 三、信息性交易概率估计

（1）若市场中没有信息事件发生，则市场中信息性交易的概率为 $PIN_n = 0$。

①对于市场中存在的信息性交易者，当有关资产价值信息的好消息发生时，此时投资者中对该交易资产有较高评价的投资者将选择提交购买指令，可知其相应的指令提交概率 $O_t = R_t$。而行为金融的理论认为，投资者在进行交易决策时往往存在一种思维习惯，其将根据自身心理账户建立参照系并据此进行各种买卖决策及评价。假定在交易的第 $t = i$ 个区间内，进入市场中的投资者其自身的心理账户及持有的关于资产高低评价的信念在一定时间内具有一致的稳定性，市场上可见的利好消息不足以改变投资者持有的评价，从而在交易的第 $t = i$ 个区间内，不足以将一个潜在的资产卖出者转变为一个资产的买入者，因此对该资产有较低评价的投资者在该交易区间将选择不提交指令；当关于的资产价值，投资者观察到的是利差消息时，此时对资产有较低评价的投资者根据其预期将选择提交股票的卖出指令，从而其对应的指令提交概率 $O_t = 1 - R_t$，此时的利差消息同样不足

以将该风险资产潜在的买入者变为卖出者，因此对资产有较高评价的投资者将选择不提交交易指令。

②同样，对于非信息性交易者，在交易的第 $t=i$ 个区间内，投资者的交易行为相对其对资产的评价也具有一定的稳定性。因此无论是资产价值的利好消息还是利差消息发生，持有资产较高评价的非信息投资者，也即提交购买指令的非信息交易者其提交指令的比率 $OB_t = R_t$；持有资产较低评价的非信息投资者，也是提交卖出指令的交易者，其提交委托的比率 $OS_t = 1 - R_t$。

（2）若市场中关于交易资产的利差消息发生时，市场上可能的交易者买卖指令及其相应的交易情形如图 5－1 中所示，图 5－1 中显示了利差消息发生时，投资者可能的买卖指令及对应的成交情形，以及对应的成交比率。

定义：$B_i$，$S_i$，$i=1\cdots8$ 为图 5－1 中每个交易事件的成交买方和成交卖方的概率。从图 5－1 可看出明显对应于信息性交易者的卖出交易 $S_i$，$i=1\cdots4$ 以及其对应的交易者的买入交易 $B_1$，$B_2$，$B_5$，$B_6$ 为市场中的信息性交易。在满足市场上相应的成交条件时，在市场上关于资产的利差消息发生情况下，可获得相应的信息性交易概率：

$$PIN_{LB} = \left(\sum_{i=1}^{4} S_i + \sum_{i=1}^{2} B_i + \sum_{i=5}^{6} B_i\right) / \left(\sum_{i=1}^{8} S_i + \sum_{i=1}^{8} B_i\right) = \sum_{i=1}^{4} S_i / \sum_{i=1}^{8} S_i = \left(\sum_{i=1}^{2} B_i + \sum_{i=5}^{6} B_i\right) / \sum_{i=1}^{8} B_i$$
$$= I_t \cdot O_t / (I_t \cdot O_t + (1 - I_t) \cdot (1 - OB_t)) \tag{5-4}$$

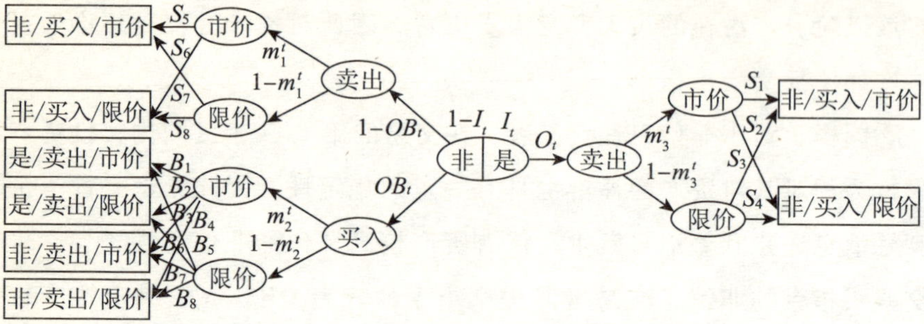


**图 5-1 利差消息情况下市场上可能的交易类型**

**Figure 5-1 Possible trading types in the market on bad information**

（3）当市场中关于交易资产的利好消息发生时，从上面的讨论可以发现，市场上存在 $R_t$ 比率的对资产有较高评价的投资者将选择提交资产的买入委托，而其他 $1-R_t$ 比率的对资产有较低评价的投资者将选择提交卖出资产的委托；进一步，对于市场中所有的买入指令，其组成可能来自于异质信息的投资者：信息性投资者由于持有私有信息而提交的买入委托，亦或是来自于非信息性投资者依据自身的预期所提交的买入委托。信息性交易者因为持有关于资产的私有信息，其指令成交的对象将肯定来自于非信息性交易者的卖出指令；而非信息性交易者的购买指令，其可能的指令成交对象同样来自于只拥有资产公开信息的非信息性交易者，但其对资产有较低的评价。市场上相应的信息交易概率有类似关于资产的利差消息发生时的交易情形，但利好消息下所得信息交易概率则异于利差消息情形时概率：

$$PIN_{LG}=I_t\cdot O_t/(I_t\cdot O_t+(1-I_t)\cdot OB_t) \tag{5-5}$$

## 第四节 求解信息性交易概率估计式

根据市场上资产的交易数据，可以获得在交易的第 $t$ 个区间内的买入

委托数据 $B_t$ 及卖出委托数据 $S_t$，通常研究信息性交易的文献是建立在不同于中国指令驱动的做市商提供买卖报价的市场中，对投资者买入与卖出委托单的区分是采用 Lee 和 Ready（1991）[160] 的分类方法，该方法对投资者委托按照交易发生价格与价差中点价格位置来划分投资者的买入亦或是卖出委托。而在指令自动匹配的中国证券市场中，投资者买卖指令的识别是直接的，因为相应的交易只在投资者提交的买价（卖）或者提交的卖价（买）处得以成交，没有做市商，从而没有必要采用 Lee and Ready（1991）[150] 的中间分类方法。而为了求得计算信息性概率所需的信息性交易者在所有投资者中所占比重 $I_t$ 以及考察信息性交易者提交的指令比率 $O_t$，首先需要根据市场上可获取的交易数据信息，对每个交易区间可能发生的信息事件进行判断，得出信息事件为利好消息亦或是利差消息的比率。

根据股票价格的历史数据，在两个相邻交易区间的时间间隔内，利用股票价格期望值运动叉树图，考虑股票价格波动：若市场上发生的信息事件为利好消息，股票价格从初始价格 $S$ 运动到新的上升价格 $S_u$，其相应的概率为 $P_t$；若此信息事件为利差消息，则资产价格从初始价格 $S$ 运动到新的下降价格 $S_d$，其对应的概率为 $Q_t$；若无信息事件发生，则股票价格维持不变。在模型的每个 $t=i$ 的交易时段，根据股票价格的历史数据，可以获得股价上升以及下降的概率 $P_t$ 和 $Q_t$ 的估计值，从而明显可知 $\theta_t \cdot \delta_t = P_t$，$\theta_t \cdot (1-\delta_t) = Q_t$，且 $\theta_t = P_t + Q_t$。求解联立方程式，可以获得信息发生的概率以及信息分别为好坏消息的概率。并依据前面对投资者提交交易委托行为的分析，可知：

（1）若市场上没有关于资产价值的信息事件发生，则 $OS_t = OB_t$。

（2）根据前面的假设和推导可知，市场的买单所占比率由以下三部分组成：

①在交易的第 $t=i$ 个区间内，关于资产价值的信息事件发生且是利好消息的情况下，信息性交易者所提交的买入委托与非信息交易者提交的购买委托之和。

②在交易的第 $t=i$ 个区间内，无信息事件发生的情况下，未知情交易者所提交的买入委托。

③在交易的第 $t=i$ 个区间内，存在信息事件发生且为利差消息的情况下，非信息交易者提交的购买委托。

因此市场上的买单比率具体可表示为：

$$B_t/B_t+S_t=\theta_t\cdot\delta_t\cdot[I_t\cdot O_t+(1-I_t)\cdot OB_t]+(1-\theta_t)\cdot(1-I_t)/2+\theta_t\cdot(1-\delta_t)\cdot(1-I_t)\cdot OB_t \quad (5-6)$$

（3）市场上卖单比率由利差消息发生情况下的信息性交易者与非信息交易者的卖出委托、无信息事件下的非信息交易者的委托及利好消息事件下的非信息交易者的委托三部分组成：

①在交易的第 $t=i$ 个区间内，关于资产价值的信息事件发生且是利差消息情况下，信息性交易者所提交的卖出委托与非信息交易者提交的卖出委托之和。

②在交易的第 $t=i$ 个区间内，无信息事件发生的情况下，未知情交易者提交的卖出委托。

③在交易的第 $t=i$ 个区间内，存在信息事件发生且为利好消息的情况下，非信息交易者所提交的卖出委托。

从而，市场上的卖出比率具体可表示为：

$$S_t/B_t+S_t=\theta_t\cdot(1-\delta_t)\cdot[I_tO_t+(1-I_t)(1-OB_t)]+(1-\theta_t)\cdot(1-I_t)/2+\theta_t\cdot\delta_t\cdot(1-I_t)\cdot(1-OB_t) \quad (5-7)$$

根据前面已求得的第 $t=i$ 交易区间内信息性事件发生的概率 $\theta_t$，信息事件对资产价值存在利好消息的概率为 $t=i$，以及非信息交易者提交的购买指令的比率 $OB_t$，进而可利用市场上的日内买卖交易数据，联立方程式（5-6）（5-7）可获得市场上信息性交易者比率 $I_t$ 以及其选择提交指令的比率 $O_t$，由前面计算求得的公式（5-4）及（5-5）可计算得股票第 $t$ 个交易区间信息性交易的概率为：

$$PIN_t=\theta_t\cdot\delta_t\cdot PIN_{LG}+\theta_t\cdot(1-\delta_t)\cdot PIN_{LB}+(1-\theta_t)\cdot PIN_n \quad (5-8)$$

因此，股票对应交易日的 $n$ 个交易区间的日内平均信息性交易概率可表示为：

$$\overline{PIN} = \sum_{t=1}^{n} PIN_t \qquad n = 1\cdots48 \qquad (5-9)$$

## 第五节 指令驱动市场信息性交易概率的实证分析

以上海证券交易所的上证50指数为研究对象对上海证券交易所的股票信息性交易概率进行实证分析，所用样本数据从2007年4月2日—2007年4月30日，共建立了21天的时间窗口，所有数据来源于分析家及Wind资讯数据库。

首先，根据特定交易日内的股票分笔及分时的股价数据，计算市场中每个交易区间内信息事件发生的概率 $\theta_t$，并进一步计算出存在关于资产价值的信息时，该信息事件为利好利差信息的比率 $\delta_t$，$1-\delta_t$ 以及非信息交易者的指令提交概率 $OB_t$，综合交易买卖数据计算得信息交易者比率 $I_t$ 及其指令提交概率 $O_t$，从而求得不同消息发生时的信息性交易概率 $PIN_{LG}$ 以及 $PIN_{LB}$，进而获得各交易区间的对应信息性交易概率及整个交易日内的信息性交易概率。各项指标数值分别如图5-2以及表5-1所示，实证结果显示在2007年4月上证指数的交易日内平均信息交易概率为0.268 2。

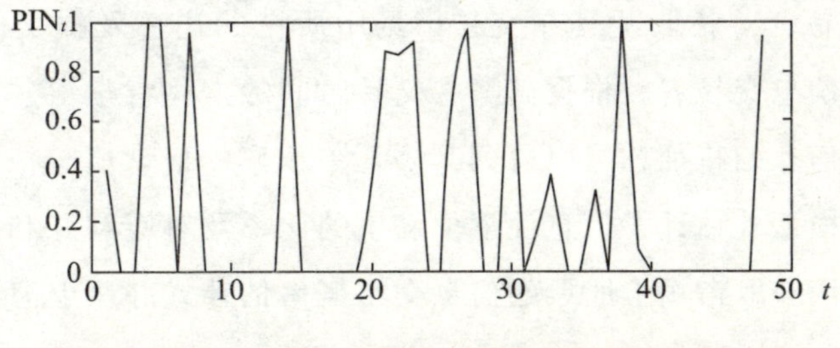


**图5-2 交易日内各交易区间信息交易概率**

**Figure 5-2 Probability of informed trading in each interval of trading day**

**表 5-1 各区间信息交易概率**

| t | $Pin_t$ | t | $Pin_t$ | t | $Pin_t$ | t | $Pin_t$ |
|---|---|---|---|---|---|---|---|
| 1 | 0.404 3 | 13 | 0 | 25 | 0 | 37 | 0 |
| 2 | 0 | 14 | 0.993 2 | 26 | 0.730 6 | 38 | 1 |
| 3 | 0 | 15 | 0 | 27 | 0.964 7 | 39 | 0.079 8 |
| 4 | 1 | 16 | 0 | 28 | 0 | 40 | 0 |
| 5 | 1 | 17 | 0 | 29 | 0 | 41 | 0 |
| 6 | 0 | 18 | 0 | 30 | 0.989 8 | 42 | 0 |
| 7 | 0.959 6 | 19 | 0 | 31 | 0 | 43 | 0 |
| 8 | 0 | 20 | 0.273 6 | 32 | 0.163 1 | 44 | 0 |
| 9 | 0 | 21 | 0.881 4 | 33 | 0.381 0 | 45 | 0 |
| 10 | 0 | 22 | 0.867 6 | 34 | 0 | 46 | 0 |
| 11 | 0 | 23 | 0.922 7 | 35 | 0 | 47 | 0 |
| 12 | 0 | 24 | 0 | 36 | 0.319 6 | 48 | 0.942 9 |

## 第六节 本章小结

本章考察市场上不同的交易者类型及其交易时遵循的学习过程，并在投资者可以选择市价及限价两种指令时，综合考虑了投资者可能面临的交易情形，以及对应的可能交易策略，描述了信息性交易概率的估计式：对于信息性交易者，获取了其在交易市场中所占的比率及提交的委托单比率；对于非信息交易者，根据其随着交易时间的推移将学习并更新资产真实价值相关信息的特征，可以得到其委托单比率的估计值。根据历史股价的模拟叉树模型，估计了信息性事件发生的比率及对应利好利差消息发生的比率，从而获取市场上股票的信息交易概率估计式并用上海证券交易所交易数据给出了实证检验。

第六章

# 基于交易信息透明度改变的市场流动性研究

交易过程中信息的可见性非常重要，其在很大程度上影响了市场参与者的交易战略、收益及市场流动性。通常对于一个市场来说，如果获取了交易者指令流的相关信息，则市场可被认为是透明的，交易透明度直接决定了信息交易的精准性，在指令流可见性上扮演了重要角色，因而透明度的研究成为金融市场微观结构理论研究的一个重要内容。O'Hara(1995)[5]定义市场透明度为市场参与者在交易过程中获取信息的能力。透明度显示了交易信息向市场参与者所揭示的程度，其包含了股票价格、交易量、委托指令流以及行为人身份等相关信息。通常根据与交易的相对位置可将透明度划分为交易前透明度和交易后透明度：交易前透明度主要指在交易未发生时，预示交易价格和委托单流的信息被揭露而为市场所传播的程度，一般包含了交易者所能观察到的市场上的买卖委托价格、数量等信息；交易后透明度通常指交易执行后，对交易所产生的价格及交易量等信息的传播报告程度。

收益是证券市场的参与者最为关注的，无论是在存在做市商中间协调的报价驱动证券市场，还是在诸如中国这样不存在做市商的指令驱动证券市场，在投资者进入市场从事交易的过程中，其进行证券交易的买卖报价设定以及相关策略的选择大多关注于收益的获取，然而不可否认收益与指令的选择时点及策略有密切关系，而指令的选择依赖信息的获取，依赖于投资者基于自身所观察和获取到的交易资产相关信息以及对信息的不断更新来进行交易。因此，有关交易的信息产生、传播及扩散的方式将很大程度上左右投资者的交易行为，使得交易透明度在资产价格的发现及市场效率方面起着重要的影响作用。在高度透明的金融市场，信息能够及时准确的为所有市场参与者所知，交易信息的透明性使交易者能够从市场价格中提取有关的价格信息，并能够促使对应信息在价格中得到迅速反映，从而有助于交易者的交易决策；但高度透明度的市场并不总是导致更好的价格发现和最优的流动性，信息揭露的内容深度和扩散程度以及信息传递的速度影响着投资者的指令提交行为，从而影响了市场的流动性。

交易所相关交易制度的设计在很大程度上是为了有效地降低投资者的交易成本，提高市场的交易效率，保证交易信息能够及时准确的为所有市场参与者所知，促使投资者的委托能够得以及时地成交，而透明度在市场交易制度设计方面扮演了重要角色，那么怎样的透明度会带来最优的市场流动性？需要披露怎样的信息，对谁披露，这些问题都将影响市场参与者的策略选择，什么是市场最佳透明度呢？关于透明度的研究，学术界存在两种不同的结论：

1. 信息透明度的提高会改善市场的流动性

由于拥有更好的信息普及和更开放的指令簿，如果市场是充分大、流动并存在着充分的噪声交易，做市商可获取的用于确定报价行为的订单流信息的增多，使做市商可以准确的区分流动性和信息的订单流，从而对所有交易者而言改进市场流动性（Baruch，2005[39]；Pagano and Roe11，1996[40]；Madhavan，1996[44]；Boehmer，Saar and Yu，2005[161]）。

2. 信息透明度的提高会导致流动性的下降

限价指令的暴露加大了信息性交易者的风险，增加了信息性交易者交易成本，导致流动性降低（Porter and Weaver，1998）[41]；在 Easley 和 O'Hara（1991）[43] 以及 Madhavan（2000）[1] 的研究中认为大额流动性交易者将不愿在高度透明的市场中以限价指令形式提供免费期权，也导致了市场流动性降低；Madhavan，Porter 和 Weaver（2005）[42] 对 Toronto 证券交易所引进自动交易系统传递实时信息，从而改变交易透明度的研究同样显示透明度的提高会导致流动性下降；在较高透明度、交易不活跃且竞争性不强的市场，透明度的增加能够恶化由短期订单不平衡引起的价格波动，导致了较大的价格敏感性，降低了市场深度，带来较低的流动性和较高的执行费用（Madhavan，1996）[44]。

由于改变交易透明度的制度转换事件较为稀少，使得基于市场制度转换导致的透明度变化的相关研究较少。目前中国的证券交易所执行的制度是在开盘前并不公布任何委托信息及可能的开盘价，但在连续竞价期间，从2003年12月8日起，上海和深圳证券交易所对买卖报价的实时公布制度进行了变更，由公开三个价位的最高买入申报价量和最低卖出申报价量扩大成五个价位，给市场参与者获取更多的关于交易相关信息提供了可能，使得市场参与者的交易前透明度发生了显著的变化，该交易前透明度的变化与Toronto证券交易所类似，均是由制度转变引起，但Toronto证券交易所是在报价驱动市场中引进自动交易的撮合制度，由此改变导致的是整个市场交易规则的变化，而中国的买卖行情报告制度的变化导致的是交易前透明度的变化，侧重于交易者个体在具体的指令选择上可获取的信息，关注于投资者依据对应交易前信息调整买卖委托的投资行为，由于存在交易制度及获取信息及使用上的差异，可能导致结果的不同。本章将沿用关注制度转换的事件研究思想，用对比分析的方法考察由公开报告制度变动导致的交易前透明度增加对市场产生的影响。

## 第一节 假设检验模型

证券市场交易本质上是对经济中已有的投资进行重新组合，而市场流动性是在交易成本尽可能低的情况下，投资者能够迅速、有效地执行交易的根本保证，充足的流动性确保了市场的正常运转，价格的合理发现和资源的有效配置，因此流动性是市场微观结构研究的一个重要方面，而信息的产生、发现和传播也显著地影响了交易资产的资产价格变化，进而影响了市场流动性。若市场上存在很大程度的非对称信息，则未知情交易者在交易时将面临较大的执行和价格风险，部分未知情交易者为减少可能的交易损失将选择推迟交易时间或改变其指令提交策略，从而在一定程度上限制了市场现有的流动性。本部分将从指令簿中不同的信息报告程度出发，研究交易者所能获取的交易前信息透明度的改变对市场流动性、波动性以及与相关的交易价格和交易量的影响。

假设 1：交易前透明度的增加对证券市场流动性没有影响。

交易所增加限价指令簿报告的交易前透明度，主要动机在于吸引交易者，提高市场流动性。买卖价差的流动性衡量方法是目前应用最广泛的方法之一，在指令驱动的证券市场中，通常用指令簿中未成交的委托单的最低卖价与最高买价的差额进行衡量，用于测度信息非对称程度和即时交易成本，其关于流动性的定义表明价差越大即时交易成本越高，市场流动性越差。本部分研究交易前透明度改变是建立在买卖行情实时报告制度变化基础上，从而对每个公开价位上的买卖委托信息的考察是研究市场流动性的基础。根据市场交易特点以及可获取的市场交易数据，模型采用相对买卖价差来衡量股票的流动性，参考国外文献并结合我国指令驱动证券市场交易的实际情况，采用股票的平均日交易量、日间波动率、股票交易价格来考察交易前透明度改变对市场流动性的影响，用以下计量模型进行实证检验：

$$\widetilde{L} = Ln\,\widetilde{\mu} + \alpha_1 Ln\,\widetilde{V}ol + \alpha_2 Ln\,\widetilde{F} + \alpha_3 D + \varepsilon \qquad (6-1)$$

式中 $\widetilde{L}$——表示流动性，用相对买卖价差来衡量；

$Ln\,\widetilde{\mu}$——等权重的股票日成交价格平均值的对数形式；

$Ln\,\widetilde{V}ol$——股票平均交易量的对数形式；

$Ln\,\widetilde{F}$——股票平均日内波动率的对数形式；

$D$——掩变量，在买卖行情实时报告制度改变前取值0，改变后取值1。

对于股票 $i$ 在第 $t$ 个交易日内的买卖价差，考虑到交易前透明度变化事件是建立在公开价位变化的基础上，每个价位上买卖价格包含了若干重要信息，用式（6-2）衡量买卖价差：

$$Spread_{it} = \frac{1}{m}\sum_{j=1}^{m}\left[2 \cdot \sum_{k=1}^{l}(a_{jk} - b_{jk}) / \sum_{k=1}^{l}(a_{jk} + b_{jk})\right] \cdot 100\% \quad (6-2)$$

式中 $m$——当天的分笔交易数；

$l$——公开披露档数，即买卖行情实时报告制度改变前取值为3，改变后取值为5；

$a_{jk}$——当天公布的股票第 $j$ 笔交易的第 $k$ 个卖价，$k=1, 2, \cdots l$；

$b_{jk}$——当天公布的股票第 $j$ 笔交易的第 $k$ 个买价，$k=1, 2, \cdots l$。

剔除买卖价差为负值和零的数据的情况，可获得每组平均价差为：

$$L_i = \frac{1}{n}\sum_{t=1}^{n} Spread_{it} \quad (6-3)$$

式中 $n$——每组交易样本的数据天数。

假设2：交易前透明度的增加对股票日内波动率没有影响。

对于股票 $i$ 在第 $t$ 个交易日的日内波动率定义为：

$$Volatility_{it} = \frac{Dayhigh_{it} - Daylow_{it}}{1/2(Dayhigh_{it} + Daylow_{it})} \cdot 100\% \quad (6-4)$$

式中 $Dayhigh_{it}$——股票当天交易的最高价；

$Daylow_{it}$——股票当天交易的最低价。

则每组数据的平均波动率为：$\tilde{F}_i = \frac{1}{n}\sum_{t=1}^{n} Volatility_{it}$，$n$ 为每组样本数据天数。

假设3：交易前透明度的增加对股票交易量没有影响。

假设4：交易前透明度的增加对股票的价格没有影响。

对假设2～4，分别对样本数据组采用配对 *Wilcoxon* 算法进行非参数检验，其可以判断两个相关样本是否来自相同的总体，且并不限制总体的分布形式。*Wilcoxon* 检验的基本原理如下：

①假设：$H_0$ 为两相关样本总体分布无显著差异。

②编秩：将第二组样本的各个观察值减去第一组样本对应的观察值，保

存差值的正负值并记录正负号，根据差值绝对数值升序排序并求相应秩。

③计算正号秩总和 $W_+$，负号秩总和 $W_-$，以及正号平均秩和负号平均秩。

④确定检验统计量 $Z$，它近似服从正态分布：

$$Z=\frac{W-n(n+1)/4}{\sqrt{n(n+1)(2n+1)/24}} \tag{6-5}$$

式中 $n$——观察值个数；

$W$——$Min(W_+, W_-)$。

计算 $Z$ 值并求相应概率，若小于显著性水平，则认为样本有显著性差异。

## 第二节　数据来源

从上证 50 指数中随机的选取 15 种股票作为研究样本，分别为：浦发银行（600 000）、齐鲁石化（600 002）、武钢股份（600 005）、东风汽车（600 006）、中原高速（600 020）、中海发展（600 026）、南方航空（600 029）、中信证券（600 030）、福耀玻璃（600 660）、天津港（600 717）、华北制药（600 812）、东方明珠（600 832）、四川长虹（600 839）、伊利股份（600 887）、长江电力（600 900），由于高频数据的获取困难，选取买卖报告制度变化前的两个星期内的股票交易数据，即 2003 年 12 月 8 日前的 2 星期交易数据以及买卖报告制度变化后导致交易前透明度增加的 4 个星期内的分笔交易数据为考察对象，除去其中的非交易日，数据样本时间从 2003 年 11 月 24 日—2004 年 1 月 5 日，经过筛选，样本期间共产生 478 224 笔分笔交易数据。考察样本交易期间股票的每笔交易成交的价格、交易量、成交均值，以及最佳买卖报价信息等交易日当天其他相关交易数据，所有数据来自分析家以及 Wind 资讯数据库。

将随机选取的交易样本数据按照交易时间划分为三组，其时间跨度分别为11月24日—12月5日，12月8日—12月19日以及12月22日—1月5日，以下分别将其交易日所构成交易时间区间简称为交易组1、交易组2和交易组3，每个交易组内包含十个交易日的高频分笔交易数据，据此对交易前透明度改变前后的组数据进行实证检验。

## 第三节 基于交易前透明度改变的市场流动性实证研究

对假设1进行实证检验，也即考察改变证券市场交易前的透明度是否对市场流动性产生显著影响。本部分采用交易前透明度变化前后的股票交易数据对模型（6-1）进行回归分析，所得实证检验结果显示在交易前透明度增加后的两次回归分析中，模型1和2的拟合度分别为 $R_1^2=0.701$，$R_1^2=0.708$，模型的 $F$ 统计量分别为6.043和6.287，均在 $\alpha=0.05$ 的统计水平上显著，从而显示模型（6-1）中所选取的股票平均交易量、平均日内波动率以及日成交价格均值的影响因素与股票买卖价差之间确实存在线性回归关系。表6-1中列出了模型的回归系数、$T$ 统计量以及相应的显著性水平。

表6-1中对交易组1与交易组2以及交易组1和交易组3两对交易数据的回归检验结果中显示，所得虚拟变量系数均为正值，因此可以认为交易前透明度的增加对市场流动性产生了一定程度的改善。然而在两对交易组数据的检验结果中同时显示虚拟变量的系数并不显著，无法拒绝虚拟变量系数为零的原假设，也就是说交易前透明度的增加对市场的流动性并没有产生显著的影响。交易前透明度的制度变化扩大了所揭示的指令可见挡位的委托信息，市场上的已提交指令信息更多的为市场参与者所获知，交易更倾向于达到一种公平的价格，从而部分程度上提高了市场中流动性交易者的交易意愿，对市场流动性改善起到了一定程度的促进作用；但更公开的指

令簿使得流动性交易者提交的限价指令也为市场提供了某种程度的免费期权，等待成交成本对市场流动性也产生一定程度的抵消，从而所得结论显示交易前透明度的增加在所考察期间对市场流动性并没有产生显著的影响。

**表 6-1　交易前透明度增加后市场流动性变化的检验结果（a）**

**Table 6-1（a）　Test statistics on market liquidity after pre-trade transparency adding**

| Model | | 非标准化回归系数 | | 标准化回归系数 | T 统计量 | 显著性水平 |
|---|---|---|---|---|---|---|
| | | B | 标准误 | Beta | | |
| 1 | (Constant) | 2.240 | .402 | | 5.570 | .000 * * |
| | 虚拟变量 | .024 | .031 | .111 | .762 | .453 |
| | ln 平均交易量 | -.081 | .021 | -.863 | -3.798 | .001 * * |
| | ln 平均波动率 | .124 | .074 | .293 | 1.670 | .097 * |
| | ln 平均均值 | -.305 | .063 | -.960 | -4.842 | .000 * * |
| 2 | (Constant) | 2.218 | .411 | | 5.394 | .000 * * |
| | 虚拟变量 | .021 | .030 | .105 | .696 | .493 |
| | Ln 平均均值 | -.306 | .061 | -1.028 | -4.992 | .000 * * |
| | Ln 平均交易量 | -.082 | .022 | -.821 | -3.660 | .001 * * |
| | Ln 平均波动率 | .156 | .069 | .416 | 2.240 | .034 * * |

a. Dependent Variable：平均价差，在 0.05 水平显著 * *，在 0.1 水平显著 *

对假设 2 进行 Wilcoxon 检验，所得增加交易前透明度后市场波动率变化的实证结果如表 6-2 和表 6-3 中 Model 1 所示，从表 6-2 可知，负秩均值 10.11 显著大于正秩均值 4.83，而从表 6-3 可以看出，在 $\alpha=0.1$ 的统计水平上，交易组 2 的交易数据相对于交易组 1 的交易数据所产生的市场波动性有显著降低，也即在刚开始由三个价位报告制度变化为五个价位从而增加交易前信息的十个交易日内，市场的波动性较未增加价位信息事件前市场的波动性有明显减少。随着交易的进行，从表 6-2 中可以看出，交易组 3 的交易数据无论是与交易组 2 的数据还是与交易组 1 的数据相比，在 $\alpha=0.05$ 的统计水平上，市场的波动性都有显著程度的增加。由于在此之前未知情交易者接触到私有信息的机会较少，在早期的交易中经常暴露于较高的风险下；交易前信息透明度的增加，在一定程度上降低了交易信息的不对称性，信息性交易者持有的私有信息通过指令流的披露能够较为及时准确的为所有市场参与者所获知，未知情的市场参与者可以从不同价位的委托指令中提取有关交易资产真实的价格信息，用于更新自己的指令提交策略并使部分信息能够迅速地在价格中得以体现，从而导致市场波动性的降低；而随着交易的进行，对于交易资产的未来价值，拥有较多信息的知情交易者较非知情交易者更可能在交易中处于优势地位，通常愿意根据所掌握的信息情况进行交易，而非知情交易者则大多出于流动性需求进行交易，未知情交易者由于交易前信息透明度的增加获取交易传递的部分私人信息，学习信息的过程被市场及知情交易者吸收以后，知情交易者将修正自己的指令提交策略，有选择的释放自己持有的私有信息，从而市场的波动率在交易前透明度改变一段时间后又开始有所增加，这直接导致了交易透明度改变后十天内的市场波动性最低。

**表 6-2 交易前透明度改变后市场波动性、交易量以及股票价格变化的秩检验结果**

**Table 6-2 Ranks test staticstics on market volatility, volume and stock price after pre-trade transparency changed**

| | | | N | Mean Rank | Sum of Ranks |
|---|---|---|---|---|---|
| Model 1 | 组 2 - 组 1 | Negative Ranks | 9 (a) | 10.11 | 91.00 |
| | | Positive Ranks | 6 (b) | 4.83 | 29.00 |
| | | Ties | 0 (c) | | |
| | | Total | 15 | | |
| | 组 3 - 组 1 | Negative Ranks | 5 (d) | 4.40 | 22.00 |
| | | Positive Ranks | 10 (e) | 9.80 | 98.00 |
| | | Ties | 0 (f) | | |
| | | Total | 15 | | |
| | 组 3 - 组 2 | Negative Ranks | 1 (g) | 4.00 | 4.00 |
| | | Positive Ranks | 14 (h) | 8.29 | 116.00 |
| | | Ties | 0 (i) | | |
| | | Total | 15 | | |

**续表（6-2）**

| | | | N | Mean Rank | Sum of Ranks |
|---|---|---|---|---|---|
| Model 2 | 组2-组1 | Negative Ranks | 11（a） | 8.55 | 94.00 |
| | | Positive Ranks | 4（b） | 6.50 | 26.00 |
| | | Ties | 0（c） | | |
| | | Total | 15 | | |
| | 组3-组1 | Negative Ranks | 5（d） | 8.40 | 42.00 |
| | | Positive Ranks | 10（e） | 7.80 | 78.00 |
| | | Ties | 0（f） | | |
| | | Total | 15 | | |
| | 组3-组2 | Negative Ranks | 1（g） | 6.00 | 6.00 |
| | | Positive Ranks | 14（h） | 8.14 | 114.00 |
| | | Ties | 0（i） | | |
| | | Total | 15 | | |
| Model 3 | 组2-组1 | Negative Ranks | 5（a） | 4.20 | 21.00 |
| | | Positive Ranks | 10（b） | 9.90 | 99.00 |
| | | Ties | 0（c） | | |
| | | Total | 15 | | |
| | 组3-组1 | Negative Ranks | 1（d） | 2.00 | 2.00 |
| | | Positive Ranks | 14（e） | 8.43 | 118.00 |
| | | Ties | 0（f） | | |
| | | Total | 15 | | |
| | 组3-组2 | Negative Ranks | 1（g） | 1.00 | 1.00 |
| | | Positive Ranks | 14（h） | 8.50 | 119.00 |
| | | Ties | 0（i） | | |
| | | Total | 15 | | |

a. 组2 < 组1；b. 组2 > 组1；c. 组2 = 组1；d. 组3 < 组1；e. 组3 > 组1；f. 组3 = 组1；g. 组3 < 组2；h. 组3 > 组2；i. 组3 = 组2

**表 6－3 市场波动性、交易量及股票价格变化的检验统计量**

**Table 6－3 Test Statistics on market volatility, volume and stock price（c）**

| | | 组 2－组 1 | 组 3－组 1 | 组 3－组 2 |
|---|---|---|---|---|
| Model 1 | Z | －1.761（a） | －2.158（b） | －3.181（b） |
| | Asymp. Sig.（2-tailed） | 0.078* | 0.031** | 0.001** |
| Model 2 | Z | －1.931（a） | －1.022（b） | －3.067（b） |
| | Asymp. Sig.（2-tailed） | 0.053* | 0.307 | 0.002** |
| Model 3 | Z | －2.215（b） | －3.294（b） | －3.351（b） |
| | Asymp. Sig.（2-tailed） | 0.027** | 0.001** | 0.001** |

a. Based on positive ranks；b. Based on negative ranks；c. Wilcoxon Signed Ranks Test

对假设 3 即市场交易前透明度改变导致的股票交易量的变化情况进行 Wilcoxon 检验，所得实证结果及对应 T 统计量如表 6－2 至表 6－3 中 Model 2 所示，Wilcoxon 检验结果显示在 $\alpha = 0.05$ 的统计水平上，在样本考察期内，交易组 2 样本的交易量相对于交易组 1 有显著减少，也即在买卖行情的实时报告制度由公开三个价位的买卖申报价格和数量扩大到五个价位时，在最初的十个正常交易日内，股票交易量较公开三个价位时的交易量有明显降低；而样本数据组 3 与交易组 2 的比较则显示，在 $\alpha = 0.05$ 的统计水平上，样本股票交易量有显著增加，而与交易组 1 数据的比较显示股票交易量的变化并不显著，可以看出在最初增加为五个价位的买卖申报价量后，股票的交易量呈下降趋势，而随着交易进行，股票交易量开始显著提升，但交易量增加的幅度相比于交易前透明度增加前，并没有产生显著的增大行为。由于我国股市影响因素复杂，除了宏观经济方面的因素外，交易前透明度的增加，可能导致一部分持有私人信息的投资者，并不愿意过早的暴露自己拥有的信息，延长了其信息释放的速度，减弱了其利用信息从事交易的动机，并在选择指令方面有所顾忌，信息赢利空间的缩小，导致短期内股票交易量的降低。

对假设 4 即交易前市场透明度变化导致的股票价格变化进行检验，所得实证结果如表 6－2 及表 6－3 中 Model 3 所示，Wilcoxon 检验结果显示在

5%的统计水平上，无论是交易组2相对于交易组1的数据比较，还是交易组3相比于交易组1抑或交易组3相比于交易组2的数据，股票的价格都有显著的增加。考虑到模型涉及区间内经济运行环境的相对稳定性，在保证交易前透明度改变前后，其他影响因素相对不变情况下，增加交易前信息透明度后，交易后十个交易日内以及交易后二十个交易日内的交易数据都表明，市场股票的总体均值都存在显著增加。这显示在增加交易前透明度后，由于最佳买卖价格公布范围的扩大，导致了市场整体股票价格的增加，从而可以拒绝原假设，认为交易前透明度改变对市场股票价格产生了显著影响。股票的价格涵盖了投资者的所有指令流信息，投资者能够观察到所提交的指令对价格的影响，买卖价格揭示范围的扩大影响了交易者的预期，增进了非私人信息投资者对市场的信心，使得投资者能够对资产价格有更准确的预测和判断，价格的信息效率得到提高，降低了其他市场参与者行为的不确定性，从而提升了股票价格。

## 第四节　基于交易后透明度的市场流动性分析

交易后透明度（Post-Trade Transparency）是对投资者在进行证券交易过程中所产生的交易信息的揭示，是公开、及时地向市场传递过去的交易信息。通常证券市场的交易系统将在投资者的交易成交后，向市场揭示包含其交易细节的交易后信息。对交易后透明度作系统的归纳后可以发现市场交易后透明度的揭示主要体现在四个方面，对市场流动性起着直接的影响作用，即交易后信息揭示的时间、成交交易的价量信息、交易者的身份信息、交易后信息的承受者。

1. 交易后信息揭示的时间

对于交易所市场和场外交易市场，通常需要对交易的即时信息进行揭示，但各交易所对交易即时信息的公布定义不尽相同，某些交易所允许场外交易市场中交易即时信息揭示的例外情况，这些例外允许交易的即时信息可以在特定的时间段以内进行揭示，也即交易后信息的揭示有一定的时间延迟，例如澳大利亚、雅加达、中国香港和新加坡以及赫尔辛基、伦敦等的证券交易所都允许延时交易信息公布，在中国香港、新加坡以及赫尔辛基的证券交易所可以在投资者交易发生后的15分钟内进行揭示，在伦敦的证券交易所则允许每笔交易额度超过平均交易额度的3倍时，延迟1.5个小时揭示交易信息；并且该延迟时间可随着交易额度增加递增，当超过平均每笔交易额度的25倍时，最长可在大宗交易成交后的第五日进行揭示。

在许多证券市场中，通常小规模的交易信息对所有的市场参与者是即时可见的，而在某些大宗交易的揭露时间上，则存在着制度的差异。由于大宗交易的单笔交易规模远大于市场平均单笔交易规模，通常交易所规定了其不同于正常规模交易的制度，较大的交易规模促使大宗交易对市场流动性具有较高的要求，而较高和即时的交易后透明度将给市场传递信息，引起交易价格的较大波动，并促使其他市场参与者变更指令提交行为，提高了大宗交易的成交成本。

在报价驱动市场中，做市商拥有关于交易的实时信息，提高交易后透明度在给交易者提供实时交易信息的同时，减少了投资者基于噪声的交易发生，从而使得做市商对大宗交易所涉及的存货风险增加，做市商将增加买卖价差以减少其面临的风险，导致了市场流动性的降低（Lyons，1996[162]；Gemmill，1996[163]；Madhavan，1995[58]），流动性将转向那些披露规则相对限制较少的市场，有证据显示在伦敦证券交易所引入延时交易报告制度，此交易后透明度的改变促使大多数的大宗交易从巴黎证券市场转往伦敦证券市场，巴黎证券交易所最终被迫改变了其交易后透明度的公告规则。

延时交易信息公布降低了交易后透明度，对待大宗交易，交易所通常采取延时公布交易信息制度，以降低交易后透明度来增加市场流动性，避免大宗交易对市场价格的冲击，寻求交易后透明度与市场流动性及效率的均衡。尽管对伦敦证券交易所不同交易后透明度的延迟公告制度结果显示，大宗交易的延迟公告对买卖价差、市场价格调整速度、波动率及交易成本无显著影响，交易者表面上看不能从延时公告获取任何的信息优势（Gemmill, 1996）[163]，但仍有证据显示延时公告制度对机构投资者有利，澳大利亚证交所的公告显示延时公告制度对大规模交易者提供有益的交易环境，延时交易制度限制了交易者的提前委托，允许主要交易者更充分的管理交易风险，这将吸引市场流动性，提高市场效率。因此对于存在大比例的机构交易市场中，延时信息公告制度对市场流动性具有重要意义。

中国的上海深圳指令驱动市场在2003年分别引入了大宗交易制度，大宗交易采用协商的形式，限制了证券单笔买卖所需达到的最低限额，当单笔指令数量在50万（30万）股以上或交易金额达到300万元（200万元）时，交易者可以向大宗交易系统提交大宗交易委托，在交易日的正常交易收盘后的半个小时内即每个交易日的15：00～15：30进行交易，在交易日的15：30大宗交易收盘后，由交易所向市场公告每笔大宗交易的证券代码、成交价格，成交量以及买卖方向，双方所在会员营业部的名称。大宗交易在正常竞价交易时间以外进行交易，这最大限度的减少信息对市场价格的影响，并且在沪深证券交易所的交易中规定大宗交易不纳入指数的计算，而成交量则计入收盘后的证券成交总量，也一定程度上降低大宗交易对市场整体的影响，对于市场流动性和效率具有一定的积极作用。

2. 成交交易的价量信息

在交易成交后，市场上的投资者可获取已经成交交易的交易价格和交易量信息。对于报价驱动的市场，投资者的买卖委托与做市商成交后才会传递到市场，并允许有一定的时间延迟发布，成交价量信息的揭示将降低做市商的买卖报价价差，提高市场流动性；对于指令驱动的市场，交易后通常场内交易的价量公布是实时的，而对场外交易存在一定的揭示时间差异。在中国证券市场，市场中不存在为交易提供流动性报价的做市商，交易者提交的买卖委托通过自动撮合系统进行撮合成交，证券指数及交易的即时行情信息如交易的成交价格、成交量信息在交易成交后向市场交易者发布，投资者的未成交委托如前面所研究的交易前透明度通过五个挡位的最好买卖价格和委托数量信息向市场参与者发布。交易后透明度可以使市场上所有参与者获取交易的成交价量情况，投资者根据新获取的交易数据，据此调整交易资产价值预期，不断更新交易者委托单提交时的先验概率，调整自己的买卖委托行为，促使交易信息更快的在交易价格中得到反映，从而改善市场流动性。

3. 交易者的身份信息

在中国指令驱动的证券市场中，交易者提交的委托通过网络传输到指令簿中，由交易系统进行撮合成交，在这个交易过程中，无法获取交易者的身份信息，市场对于提交委托单的投资者身份信息不揭示，但对于三种涨跌幅度的特殊情况，交易所的交易规则显示将向市场公布对应的股票（基金）交易日当天买入、卖出金额最大的五家会员营业部的交易身份信息。

①存在价格涨跌幅限制的股票（封闭式基金）的竞价交易，公布前三只（五只）在交易日当天的收盘价格涨跌幅偏离值达到±7%的股票（基金）、或者前三只（五只）在交易日当天日价格振幅达到15%的股票（基金）、抑亦或前三只（五只）日换手率达到20%的股票（基金）；其中相应的计算公式分别为：$D_t = D_g - D_c$，$D_t$ 为当天收盘价格涨跌幅，$D_g$ 为股票（基金）涨跌幅，$D_c$ 为其对应的分类指数的涨跌幅，$P_d = [(Day_{high} - Day_{low})/Day_{low}] \cdot 100\%$，$Pd$ 为价格振幅，$Day_{high}$ 和 $Day_{low}$ 分别为当日的最高价格和最低价格，$TR =$（成交股数/流通股数）$\cdot 100\%$，若股票的收盘价格涨跌幅偏离值、价格振幅或换手率相同的，则依次按成交金额和成交量选取，其对应的分类指数包括上证（深证）A股指数、上证（深证）B股指数和上证（深证）基金指数。

②首个交易日不设价格涨跌幅限制的首次公开发行上市的股票（封闭式基金）、增发上市的股票、暂停上市（退市）后恢复上市的股票。

③在连续三个交易日中针对普通股票（基金）收盘价格的涨跌幅偏离值累计达到±20%；或者 *ST* 股票和 **ST* 股票对应期间日收盘价格涨跌幅

偏离值累计达到±15%（±12%）；或者对应交易日内日均换手率与前五个交易日的日均换手率的比值达到30倍，并且该股票、封闭式基金连续三个交易日内的累计换手率达到20%的股票（基金）异常波动期间。

在中国的证券市场中，涨跌幅度的扩大通常由资产价值相关信息的发生导致，并伴随着过量的供给与需求，从而左右了市场流动性。在上述特殊涨跌幅度涉及的交易中，对交易者身份信息的揭示，改善了市场参与者对导致特殊涨跌幅度的指令来源的认知，尤其是对未知情的投资者而言，将有助于他们判断资产真实价值的信息，从而选择合理的委托单提交策略，以此减少与知情交易者交易面临的逆向选择风险，保证交易的相对公平；交易者委托单提交行为的变化，改变了市场中资产的供给与需求状态，影响了市场的流动性。

4. 交易后信息的承受者

交易后信息的承受者主要是选择继续交易的投资者，市场上选择交易的异质信息的投资者对于交易后透明度存在着不同的偏好，市场上不同的委托单所包含的交易动机也存在一定的差异。通常交易后信息的披露可以使市场上的参与者获得更多关于资产真实价值的有关信息，对于信息性交易者，由于其委托是基于所持有的私有信息，因此有充分利用所持有信息获取赢利最大化的偏好。随着交易进行，市场上交易后透明度的提高将使其他非信息交易者获取其持有的易生命期较短的私有信息，减少知情交易者的赢利空间，从而市场上知情交易者有降低交易后透明度的偏好，并倾向于隐藏其交易动机，采取一定的委托单策略诸如选择交易区间、拆分委托单等形式应对交易后市场透明度的增加；而对于未知情交易者，交易后透明度的增加有助于减少其与信息性交易者进行交易时面临的交易风险，因此将对交易后透明度的提高较为偏好。

指令驱动市场中，投资者的委托单得以成交依赖于买卖双方提交的委托及委托类型，交易后透明度的提高降低了限价指令成交的可能性，因此限价指令提交者偏好降低交易后透明度，而市价指令的提交者由于交易后透明度的提高降低了交易的不确定性，则偏好提高交易后透明度；对于提交较大规模委托单的交易者，其相对于较少规模的投资者而言，由于规模限制，将面临比较大的成交风险，通常不愿意接受较快和即时的交易后信息披露，而较少规模投资者则可通过对较大规模交易信息的揭示获取更为合理的资产价值预期，从而及时有效的公开交易后信息对维护市场公平有着比较重要的意义。

5. 其他交易后揭示信息

在中国沪深证券交易所，其他即时信息的披露主要包括：在每个交易日 9：15 ~9：25 的开盘集合竞价期间的证券代码简称，虚拟开盘参考价格、虚拟匹配量和虚拟未匹配量的交易信息；以及在随后的连续竞价期间的成交证券代码简称、当日最高成交价格、当日最低成交价格、当日累计成交数量、当日累计成交金额。同时交易所将揭示所编制的综合指数，成分指数、分类指数等证券指数，以及随即时行情公布，所编制的反映市场成交情况的各类日、周、月和年报表等。

在证券市场中，关于资产价值的新信息连续地到达市场，促进并产生了交易，而市场上异质信息的投资者使得资产价格不能完全的反应资产的基本价值，交易后透明度可以促使市场上交易者能够及时准确的获取有关交易的信息，减少市场上信息性交易的概率，有助于加快资产价格的发现，从而对市场的流动性有一定的促进作用。但市场上交易者的参与意愿将影响流动性，市场异质信息的投资者对交易后信息的透明存在不同需求，交易后透明度的提高，将降低市场部分投资者的参与热情，从而降低市场流动性，总之，建立适度的交易后透明度，才能为投资者提供公平良好的交易环境。

## 第五节　本章小结

本章采用上海 A 股市场的日内高频交易数据，对证券交易所增加限价指令簿披露导致的交易前透明度改变及由此引起的市场变化进行实证研究，并对交易后透明度做了系统归纳。对交易前透明度的实证结果显示，完全的交易前透明性并不意味着是最优的，透明性和流动性以及市场的波动性、股票价格、交易量等信息也存在矛盾性，它们在价格发现上存在着相互抵消的因素。买卖报价的公开揭露制度由三档价位变成五档价位，导致的交易前透明度的增加对市场流动性、波动性以及交易量并没有产生显著影响，但明显提高了市场股票价格。交易后透明度的揭示主要体现在交易后信息揭示的时间、成交交易的价量信息、交易者的身份信息、交易后信息的承受者等四个方面，流动性由于交易后透明度增加导致的信息即时获取能力提高而得以促进，并由于不同投资者的需求偏好而降低，建立规范适度的交易后透明度制度，才能为投资者提供公平良好的交易环境，改善市场质量。

# 结 论

不同的市场微观结构，资产价格发现过程不同，流动性的提供机制也不同。中国证券市场是新兴的纯粹指令驱动市场，与国外证券市场相比存在一定的交易机制差异，市场流动性供给与交易者的指令选择密切相关。本篇以中国的指令驱动市场为背景，构建了异质信息交易者委托单提交策略选择模型，从投资者策略选择角度分析了流动性产生的内在机理，研究了基于交易者委托单不平衡的市场流动性，建立模型估计了交易者委托行为及差异中涉及的股票信息非对称程度，进而对交易信息的揭示程度进行了研究，用中国证券市场高频交易数据进行实证检验，试图对建设流动性良好、规范合理的证券市场结构提供一定的指导。在此研究过程中，得出的主要结论与创新如下：

1. 构建了异质信息投资者委托单提交策略选择的两阶段模型，从交易者委托策略角度分析了流动性产生的内在机理，得到了两阶段模型中拥有不同信息的投资者委托单最优策略。

不同于以往考虑做市商提供买卖报价为市场提供流动性的模型，在不存在做市商的中国证券市场，放宽了信息仅短期存在于交易单时期的限制，研究了信息以一定的概率释放的两阶段模型中拥有不同信息的投资者委托单最优策略选择问题。研究认为当持有信息投资者采用市价指令购买股票时，非信息交易者在交易初期购买股票时更倾向于选择限价指令；若持有信息的投资者在交易初期采用限价指令进行交易，则只有满足特定条件，非信息交易者在交易开始阶段才倾向于选择限价单进行交易。

2. 在对指令驱动市场买卖委托单不平衡衡量基础上，通过基于委托单不平衡的上海A股市场高频交易数据的实证检验，发现股票收益率与流动性，以及股票交易规模、买卖委托单不平衡与股票流动性之间的相关关系，得出以下结论：

①当期及滞后一期买卖委托单不均衡均显著影响了当前股票收益率，滞后一期股票收益率与当期收益率存在显著正相关；②正负委托单不平衡交易日的股票平均收益率存在显著差异，交易者在样本考察交易日期间更偏好委托卖单，且股票流动性与投资者买卖委托单不平衡正相关；③对于交易规模较低的中小流通市值企业，以及交易规模较高的大流通市值企业，股票交易规模与流动性呈显著正相关；④股票买卖委托单不平衡与交易规模不存在因果关系，前期的交易规模并没有导致买卖委托单不平衡变化，反之亦然；⑤控制股票交易规模，以买卖股数差额比率度量的买卖委托单不平衡及以分笔交易为度量基础的较高交易规模股票的买卖委托单不平衡均显著地正相关于股票的流动性，投资者对买单比卖单的偏好导致了股票流动性的增加。

3. 构造了基于交易者委托单策略选择的市场信息交易概率的测算模型，获取了衡量日内交易事件信息交易概率的估计式及上海证券市场日内信息交易的实证检验结果。

通过对投资者交易动机分析，考察市场上不同的交易者类型，引进了交易者遵循的学习过程，综合考虑了中国证券市场中交易者可能面临的交易情形及对应的可能交易策略，从投资者委托单策略选择角度给出了信息交易概率的估计式并用上海证券交易所交易数据给出了实证检验。

4. 基于交易信息透明度的改变，实证研究了交易所增加限价指令簿披露导致的市场流动性变化并分析了交易后透明度的流动性效应，发现了交易前透明度的增加并没有增加流动性，但提高了市场股票价格。

所得研究结果表明完全的透明性并不意味着是最优的，买卖报价的公开揭露制度由三档价位变成五档价位后，导致的交易前透明度的增加对市场流动性，波动性以及交易量并没有产生显著影响，但明显提高了市场股票价格。交易后透明度的揭示主要体现在交易后信息揭示的时间、成交交易的价量信息、交易者的身份信息、交易后信息的承受者等四个方面，流动性由于交易后透明度增加导致的信息即时获取能力提高而得以促进，并由于不同投资者的需求偏好而降低，建立规范适度的交易后透明度制度，才能为投资者提供公平良好的交易环境，改善市场质量。

对中国指令驱动市场交易者委托单提交策略与市场流动性方面的研究需要综合考虑各方面的市场因素，本篇的研究仅是一种尝试性工作，取得了一些阶段性成果，但还存在一部分尚待改进和完善的问题，以后进一步的研究工作可从以下几个方面进行：

①进一步扩展考虑交易者的指令选择行为，从交易者指令的进取性方面进行更加深入的研究。

②对市场上交易者策略选择后的均衡做进一步研究，进一步考虑交易者委托单流与资产定价关系，研究不同市场流动性下，交易者提交委托单的收益与价格风险。

# 参考文献

[1] Madhavan A.. Market Microstructure: A Survey. Journal of Financial Markets. 2000, (3): 205 ~258

[2] Kyle, A. S.. Continuous Auctions and Insider Trading. Econometrica. 1985, (53): 1315 ~1339

[3] Amihud Y., Mendelson H.. Liquidity, Volatility, and Exchange Automation. Journal of Accounting, Auditing & Finance. 1988, (3): 369 ~395

[4] Visaltanachoti N., Charoenwong C. and Ding D. K.. Liquidity Distribution in the Limit Order Book on the Stock Exchange of Thailand. International Review of Financial Analysis. 2008, (17): 291 ~311

[5] O'Hara M.. Market Microstructure Theory. Blackwell Publishers, Cambridge, Mass. 1995: 1 ~2

[6] Madhavan A., Panchapagesan V.. Price Discovery in Auction Markets: A Look inside the Black Box. Review of Financial Studies. 2000, 13(3): 627 ~658

[7] Wen-I C., Bong-Soo L.. The Informational Role of Institutional Investors and Fnancial Analysts in the Market. Journal of Financial Market. 2011, (14): 465 ~493

[8] Harris M., Raviv A.. Differences of Opinion Make a Horse Race. Review of Financial Studies. 1993, 6(4): 473 ~506

[9] Berk J. B., Uhlig H.. The Timing of Information in a General Equilibrium Framework. Journal of Economic Theory. 1993, (59): 275 ~287

[10] Berk J.. The Acquisition of Information in a Dynamic Market. Economic Theory. 1997, (9): 441 ~ 451

[11] Alexander G. J., Peterson M. A.. An Analysis of Trade-Size Clustering and Its Relation to Stealth Trading. Journal of Financial Economics. 2007, (84): 435 ~ 471

[12] Demsetz H.. The Cost of Transacting. Quarterly Journal of Economics. 1968, (82): 33 ~ 53

[13] Biais B., Glosten L., Spatt C.. Market Microstructure: A Survey of Microfoundations, Empirical Results, and Policy Implications. Journal of Financial Markets. 2005, (8): 217 ~ 264

[14] Garman M.. Market Microstructure. Journal of Financial Economics. 1976, (3): 257 ~ 275

[15] Aitken M., Frino A., Jarnecic E., McCorry M., Winn R., Segara R.. The Microstructure of the Australian Stock Exchange: An Introduction. Asia Pacific Capital Markets Foundation. 1997: 83 ~ 153

[16] Stoll H. R.. The Supply of Dealer Services in Securities Markets. Journal of Finance 1978, (33): 1133 ~ 1151

[17] Ho T., Stoll H. R.. Optimal Dealer Pricing under Transactions and Teturn Uncertainty. Journal of Financial Economics. 1981, (9): 47 ~ 73

[18] Cohen K. J., Maier S. F., Schwartz R. A., Whitcomb D. K.. Transaction Costs, Order Placement Strategy, and Existence of the Bid-ask Spread. Journal of Political Economy. 1981, (89): 287 ~ 305

[19] Bagehot W.. The Only Game in Town. Financial Analysts Journal. 1971, (27): 12 ~ 14

[20] Glosten L. R., Milgrom P. R.. Bid, Ask and Transaction Prices in a Specialist Market with Heterogeneously Informed Traders. Journal of Financial Economics. 1985, (13): 71 ~ 100

[21] Admati A. R., Pfleiderer P.. Sunshine Trading and Financial Market

Equilibrium. The Review of Financial Studies. 1991, (4): 443 ~ 481

[22] Keynes J. M.. A Treatise on Money. London: Macmiilan. 1930, (2): 67

[23] Grossman S. J., Miller M. H.. Liquidity and Market Structure. The Journal of Finance. 1988, (43): 617 ~ 633

[24] Copeland T. E., Galai D.. Information Effects and the Bid-Ask Spread. The Journal of Finance. 1983, (38): 1457 ~ 1469

[25] Muranaga J., Shimizu T.. Market Microstructure and Market Liquidity. Institute for Monetary and Economic Studies. Bank of Japan. 1997, Working Paper

[26] Bondarenko O.. Competing Market Makers, Liquidity Provision, and Bid-Ask Spreads. Journal of Financial Markets. 2001, (4): 269 ~ 308

[27] Madhavan A.. Trading Mechanisms in Securities Markets. The Journal of Finance. 1992, (47): 607 ~ 641

[28] Handa P., Schwartz R. A., Tiwari A.. The Ecology of an Order-Driven Market. Proceedings of the Thirty-First Annual Hawaii International Conference on System Sciences. 1998, (6): 353 ~ 362

[29] Glosten L. R.. Is the Electronic Open Limit Order Book Inevitable?. The Journal of Finance. 1994, (49): 1127 ~ 1161

[30] Chung K. H., Van Ness B. H. and Van Ness R. A.. Limit Orders and the Bid-Ask Spread. Journal of Financial Economics. 1999, (53): 255 ~ 287.

[31] Viswanathan S., Wang J. J. D.. Market architecture: Limit-Order Books Versus Dealership Markets. Journal of Financial Markets. 2002, (5): 127 ~ 167

[32] Jain P.. Institutional Design and Liquidity at Stock Exchanges around the World. Indiana University. 2003, SSRN, Working Paper

[33] Menkhoff L., Schmeling M.. Whose Trades Convey Information? Evidence from a Cross-Section of Traders. Journal of Financial Markets. 2010, (13): 101 ~ 128

[34] Huang R. D., Stoll H. R.. The Components of the Bid-Ask Spread: A General Approach. The Review of Financial Studies. 1997, (10): 995 ~ 1034

[35] Easley D., Kiefer N. M., O'Hara M., and Paperman J. B.. Liquidity, Information, and Infrequently Traded Stocks. The Journal of Finance. 1996, (51): 1405 ~ 1436

[36] Admati A. R., Pfleiderer P.. A Theory of Intraday Patterns: Volume and Price Variability. The Review of Financial Studies. 1988, (1): 3 ~ 40

[37] Bushman R., Dutta S., Hughes J., Indjejikian R.. Earning Announcement and Market Depth. Contemporary Accounting Research. 1997, 14 (1): 43 ~ 68

[38] Glosten L. R.. Introductory Comments: Bloomfield and O'Hara, and Flood, Huisman, Koedijk, and Mahieu. The Review of Financial Studies. 1999, (12): 1 ~ 3

[39] Baruch S.. Who Benefits from an Open Limit-Order Book? . Journal of Business. 2005, (78): 1267 ~ 1306

[40] Pagano M., Roell A.. Transparency and Liquidity: A Comparison of Auction and Dealer Markets with Informed Trading. The Journal of Finance. 1996, (51): 579 ~ 611

[41] Porter D. C., Weaver D. G.. Post-Trade Transparency on Nasdaq's National Market System. Journal of Financial Economics. 1998, (50): 231 ~ 252

[42] Madhavan A., Porter D. and Weaver D.. Should Securities Markets be Transparent? . Journal of Financial Markets. 2005, (8): 266 ~ 288

[43] Easley D., O'Hara M.. Order Form and Information in Securities Markets. The Journal of Finance. 1991, (46): 905 ~ 927

[44] Madhavan A.. Security Prices and Market Transparency. Journal of Financial Intermediation, 1996, (5): 255 ~ 283

[45] Tong H.. Disclosure Standards and Market Efficiency: Evidence from Analysts' Forecasts. Journal of International Economics. 2007, (72): 222 ~ 241

[46] Foster F. D. , Viswanathan S. . A Theory of the Intraday Variations in Volume, Variance and Trading Costs in Securities Markets. The Review of Financial Studies. 1990, (3): 593 ~624

[47] Back K. , Cao C. H. , Willard G. A. . Imperfect Competition among Informed Traders. The Journal of Finance. 2000, (55): 2117 ~2155

[48] Maisondieu-Laforge O. . Informed Trading and the Consistent Enforcement Hypothesis: Evidence from Bid - Ask Spreads in France and Britain. Global Finance Journal. 2007, (17): 439 ~453

[49] Forster M. M. , George T. J. . Volatility, Trading Mechanisms and International Cross-Listing. Ohio State University. 1992, Working Paper

[50] Harris L. . Does a Large Minimum Price Variation Encourage Order Exposure? . University of Southern California. 1996, Working paper

[51] Foster F. D. , Viswanathan S. . Strategic Trading with Asymmetrically Informed Traders and Long-Lived Information. The Journal of Financial and Quantitative Analysis. 1994, (29): 499 ~518

[52] Breen W. J. , Hodrick L. S. and Korajczyk R. A. . Predicting Equity Liquidity, Management Science. 2002, (48): 470 ~483

[53] Chordia T. , Subrahmanyam A. . Order Imbalance and Individual Stock Returns: Theory and Evidence. Journal of Financial Economics. 2004, (72): 485 ~518

[54] Chordia T. , Roll R. and Subrahmanyam A. . Evidence on the Speed of Convergence to Market Efficiency. Journal of Financial Economics. 2005, (76): 271 ~292

[55] Subrahmanyam A. . Lagged Order Flows and Returns: A Longer-Term Perspective. The Quarterly Review of Economics and Finance. 2008, (48): 623 ~640

[56] Barclay M. J. , Warner J. B. . Stealth Trading and Volatility: Which Trades Move Prices? . Journal of Financial Economics, 1993, (34): 281 ~305

[57] Huberman G. , Stanzl W. . Optimal Liquidity Trading. Review of Fi-

nance. 2005, (9): 165 ~ 200

[58] Keim D. B., Madhavan A.. Anatomy of the Trading Process: Empirical Evidence on the Behavior of Institutional Traders. Journal of Financial Economics. 1995, (37): 371 ~ 398

[59] Linnainmaa J. T.. Do Limit Orders Alter Inferences about Investor Performance and Behavior? . Journal of Finance. 2010, 65(4): 1473 ~ 1506

[60] Anand A., Martell T.. "Informed" Limit Order Trading. 2001, SSRN Working paper

[61] Anand A., Chakravarty S., and Martell T.. Empirical Evidence on the Evolution of Liquidity: Choice of Market versus Limit Orders by Informed and Uninformed Traders. Journal of Financial Markets. 2005, (8): 289 ~ 309

[62] Bloom? eld R., O'Hara M., and Saar G.. The "Make or Take" Decision in an Electronic Market: Evidence on the Evolution of Liquidity. Journal of Financial Economics. 2005, (75): 165 ~ 199

[63] Bessembinder H., Panayides M. and Venkataraman K.. Hidden Liquidity: An Analysis of Order Exposure Strategies in Electronic Stock Markets. Journal of Financial Economics. 2009, (94): 361 ~ 383

[64] Peterson M., Sirri E.. Order Submission Strategy and the Curious Case of Marketable Limit Orders. Journal of Financial and Quantitative Analysis. 2002, (37): 221 ~ 241

[65] Biais B., Hillion P., and Spatt C.. An Empirical Analysis of the Limit Book and the Order Flow in the Paris Bourse. The Journal of Finance. 1995, (50): 1655 ~ 1689

[66] Chung K. H., Van Ness B. F., and Van Ness R. A.. Can the Treatment of Limit Orders Reconcile the Differences in Trading Costs between NYSE and NASDAQ Issues? . Journal of Financial and Quantitative Analysis. 2001, (36): 267 ~ 286

[67] Foucault T., Kadan O., and Kandel E.. Limit Order Book as a Mar-

ket for Liquidity. The Review of Financial Studies. 2005, (18): 1171 ~ 1217

[68] Bae K. H., Jang H., and Park K. S.. Traders' Choice between Limit and Market Orders: Evidence from NYSE Stocks. Journal of Financial Markets. 2003, (6): 517 ~ 538

[69] Parlour C.. Price Dynamics in Limit Order Markets. The Review of Financial Studies. 1998, (11): 789 ~ 816

[70] Hollifield B., Miller R. A., Sandas P., and Slive J.. Liquidity Supply and Demand: Empirical Evidence from the Vancouver Stock Exchange. The Wharton School, University of Pennsylvania. 2001, Working paper

[71] Foucault T.. Order Flow Composition and Trading Costs in a Dynamic Limit Order Market. Journal of Finance Market. 1999, (2): 99 ~ 134

[72] Handa P., Schwartz R. A.. Limit Order Trading. The Journal of Finance. 1996, (L1): 1835 ~ 1861

[73] Waiman L.. Monitoring and Limit Order Submission Risks. Journal of Financial Markets. 2009, 12(1): 107 ~ 141

[74] Handa P., Schwartz R., Tiwari A.. Quote Setting and Price Formation in an Order Driven Market. Journal of Financial Markets. 2003, (6): 461 ~ 489

[75] Al-Suhaibani M., Kryzanowski L.. Limit vs. Market Order Trading on the Saudi Stock Market. 2001, SSRN, Working paper

[76] Berkman H. Large Option Trades, Market Makers, and Limit Orders. The Review of Financial Studies. 1996, (9): 977 ~ 1002

[77] Bond P., Eraslan H.. Information-Based Trade. Journal of Economic Theory. 2010, (145): 1675 ~ 1703

[78] Chakravarty S., Holden C. W.. An Integrated Model of Market and Limit Orders. Journal of Financial Intermediation. 1995, (4): 213 ~ 241

[79] Lo K., Coggins R.. Effects of Order Flow Imbalance on Short-Horizon Contrarian Strategies in the Australian Equity Market. Pacific-Basin Finance

Journal. 2006, (14): 291 ~ 310

[80] Mingsheng L., McCormick T., and Xin Z.. Order Imbalance and Liquidity Supply: Evidence from the Bubble Burst of NASDAQ Stocks. Journal of Empirical Finance. 2005, (12): 533 ~ 555

[81] Wald J. K., Horrigan H. T.. Optimal Limit Order Choice. Journal of Business. 2005, (78): 597 ~ 619

[82] Hollifield B., Miller R. A., and Sandas P.. Empirical Analysis of Limit Order Markets. Review of Economic Studies. 2004, (71): 1027 ~ 1063

[83] Battalio R., Greene J., Hatch B., and Jennings R.. Does the Limit Order Routing Decision Matter? . Review of Financial Studies. 2002, (15): 159 ~ 194

[84] Lo A. W., Mackinlay A. C., and Zhang J.. Econometric Models of Limit-Order Executions. Journal of Financial Economics. 2002, (65): 31 ~ 71

[85] Forde C. C., Tang K. M.. Anonymity, Liquidity and Fragmentation. Journal of Financial Markets. 2009, 12(3): 337 ~ 367

[86] Easley D., O'Hara M.. Price, Trade Size, and Information in Securities Markets. Journal of Financial Economics. 1987, (19): 69 ~ 90

[87] Easley D., Kiefer N. M., and O'Hara M.. One Day in the Life of a Very Common Stock. The Review of Financial Studies. 1997, (10): 805 ~ 835

[88] Jaffe J. F., Winkler R. L.. Optimal Speculation against an Efficient Market. Journal of Finance. 1976, (31): 49 ~ 61

[89] Easley D., O'Hara M.. Time and the Process of Security Price Adjustment. The Journal of Finance. 1992, (47): 577 ~ 605

[90] Easley D., O'Hara M., and Paperman J.. Financial Analysts and Information-Based Trade. Journal of Financial Markets. 1998, (1):175 ~ 201

[91] Easley D., Hvidkjaer S., and O'Hara M.. Is Information Risk a Determinant of Asset Returns? . The Journal of Finance. 2002, (57): 2185 ~ 2221

[92] Ma T., Hsieh M. H, and Chen J. H.. The Probability of Informed

Trading and the Performance of Stock in an Order-Driven Market. AEPA Bangkok Meeting. 2001

[93] Chung K. H., Li M., and McInish T. H.. Information-Based Trading, Price Impact of Trades, and Trade Autocorrelation. Journal of Banking & Finance. 2005, (29): 1645 ~ 1669

[94] Nyholm K.. Estimating the Probability of Informed Trading. The Journal of Financial Research. 2002, (4): 485 ~ 505

[95] Wang J. A Model of Competitive Stock Trading Volume. Journal of Political Economy. 1994, (102): 127 ~ 168

[96] Hasbrouck J.. Measuring the Information Content of Stock Trades. The Journal of Finance. 1991, (46): 179 ~ 207

[97] Jain P. C., Ho Joh G.. The Dependence between Hourly Prices and Trading Volume. Journal of Financial and Quantitative Analysis. 1988, (23): 269 ~ 283

[98] Foster F. D., Viswanathan S.. Variations in Trading Volume, Return Volatility, and Trading Costs: Evidence on Recent Price Formation Models. The Journal of Finance. 1993, (48): 187 ~ 211

[99] Lee C. M. C., Mucklow B. and Ready M. J.. Spreads, Depths and the Impact of Earning Information: An Intraday Analysis. The Reviews of Financial Studies. 1993, (6): 345 ~ 374

[100] Ahn H. J., Cheung Y. L.. The Intraday Patterns of the Spread and Depth in a Market without Market Makers: The Stock Exchange of Hong Kong. Pacific-Basin Finance Journal. 1999, (7): 539 ~ 556

[101] Vo M. T.. Limit Orders and the Intraday Behavior of Market Liquidity: Evidence from the Toronto Stock Exchange. Global Finance Journal. 2007, (17): 379 ~ 396

[102] 孙培源，施东晖．微观结构、流动性与买卖价差：一个基于上海股市的经验研究．世界经济．2002，(4)：69 ~ 72

[103] 屈文洲，吴世农．中国股票市场微观结构的特征分析——买卖报价价差模式及影响因素的实证研究．经济研究．2002，(1)：56～63

[104] 郭剑光，孙培源，施东晖．从买卖价差看我国证券市场的流动性水平．证券市场导报．2003，(5)：34～38

[105] 黄峰，杨朝军．基于机构投资者交易需求的中国股市流动性研究．经济理论与经济管理．2007，(2)：54～59

[106] 穆启国，吴冲锋 刘海龙．深圳证券交易所买卖价差的构成分析．系统工程理论方法应用．2004，(6)：239～243

[107] 穆启国，刘海龙，吴冲锋，刘逖．指令驱动市场的流动性成本及影响因素分析．上海交通大学学报．2004，(3)：321～324

[108] 雷觉铭，曾勇．上海股市买卖价差成分分析．系统工程．2006，(6)：74～80

[109] 韩冬，王春峰 岳慧煜．中国股市买卖价差成分分析——基于指令驱动市场的实证研究．北京理工大学学报（社会科学版）．2006，(2)：82～85

[110] 刘逖．如何衡量流动性：理论与文献综述．上证联合研究计划课题报告．2002

[111] 吴磊，陈日华．证券市场流动性研究述评．同济大学学报（社会科学版）．2005，(4)：114～119

[112] 杨朝军，张志鹏，廖士光．证券市场流动性综合测度指标研究．上海交通大学学报．2008，(11)：1767～1771

[113] 刘海龙，仲黎明，吴冲锋．股票流动性的度量方法．系统工程理论与实践．2003，(1)：16～21

[114] 陈启欢，杨朝军．证券市场流动性综合指标及计量理论．数量经济技术经济研究．2005，(8)：114～128

[115] 许睿，刘海龙，吴冲锋．中国A股市场流动性统计特性与变化趋势．系统工程理论与实践．2004，(3)：26～32

[116] 万树平．上海股票市场流动性的度量与影响因素实证分析．系

统工程理论与实践. 2006, (2): 1 ~ 9

[117] 曹迎春, 刘善存, 邱菀华. 证券市场日内流动性的综合度量、特征与信息含量. 系统工程. 2007, (3): 1 ~ 9

[118] 房海滨, 刘凤霞. 上海 B 股市场流动性研究. 北京理工大学学报（社会科学版）. 2006, (2): 77 ~ 81

[119] 杨朝军, 蔡明超, 沈思玮. 中国证券市场日内流动性实证研究. 上海交通大学学报. 2003, (4): 589 ~ 592

[120] 杨之曙, 李子奈. 上海股市日内流动性——深度变化实证研究. 金融研究. 2003, (6): 25 ~ 37

[121] 房振明, 王春峰, 曹媛媛. 上海证券市场流动性模式的研究. 管理工程学报. 2005, (2): 33 ~ 38

[122] 宋逢明, 谭慧. 订单驱动型市场的系统流动性: 一个基于中国股市的实证研究. 财经论从. 2005, (5): 63 ~ 69

[123] 许睿, 冯芸, 吴冲锋. 影响中国 A 股市场流动性的政策和因素. 上海交通大学学报. 2004, (3): 362 ~ 367

[124] 宋逢明, 唐俊. 中国股票市场的信息传导与流动性需求. 经济科学. 2002, (2): 46 ~ 57

[125] 杨朝军, 孙培源, 施东晖. 微观结构、市场深度与非对称信息: 对上海股市日内流动性模式的一个解释. 世界经济. 2002, (11): 53 ~ 58

[126] 施东晖, 陈启欢. 信息不对称下的投资者类型与交易行为——来自上海股市的经验证据. 经济科学. 2004, (5): 58 ~ 66

[127] 张丽芳, 刘海龙. 基于日内流动性模式的大额指令交易策略. 上海交通大学学报. 2007, (12): 2006 ~ 2011

[128] 宋玉涛, 刘善存. 非知情交易者策略性交易及均衡特征研究. 北京航空航天大学学报（社会科学版）. 2010, (7): 41 ~ 43

[129] 张胜记, 刘海龙. 中国股市扩大买卖盘揭示范围的效应分析——对市场波动性影响的实证研究 财贸研究. 2005, (1): 89 ~ 93.

[130] 董锋, 韩立岩. 中国股市透明度提高对市场质量影响的实证分

析．经济研究．2006，(5)：87～96

［131］杨之曙，姚松瑶．沪市买卖价差和信息性交易实证研究．金融研究．2004，(4)：45～56

［132］马黛，洪荣耀．稳定基金之行为与绩效：从信息交易的观点．2002，Working paper

［133］王春峰，王燕．信息的价格和流动性效应．天津大学学报（社会科学版）．2004，(4)：122～127

［134］王春峰，董向征，房振明．信息交易概率与中国股市价格行为关系的研究．系统工程．2005，(2)：62～67

［135］刘元海，陈伟忠．中国股市知情交易概率的测定．同济大学学报．2004，(1)：118～122

［136］王艳，杨忠直．指令驱动市场中的信息交易概率研究．华中科技大学学报（自然科学版）．2005，(10)：118～120

［137］Hayek F. A.. Economics and Knowledge. Economica. 1937，(4)：33～54

［138］Black F.. Noise. Journal of Finance. 1986，(41)：529～543

［139］Milgrom P.，Stokey N.. Information，Trade，and Common Knowledge. Journal of Economic Theory. 1982，(26)：17～27

［140］Aumann R.. Agreeing to Disagree. The Annals of Statistics. 1976，(4)：1236～1239

［141］Pasquariello P.. Imperfect Competition，Information Heterogeneity，and Financial Contagion. Review of Financial Studies. 2007，(20)：391～426

［142］Akerlof G. A.. The Market for "Lemons"：Quality Uncertainty and the Market Mechanism. The Quarterly Journal of Economics. 1970，(84)：488～500

［143］Harris L.. Liquidity，Trading Rules and Electronic Trading Systems. New York University Salomon Center，Monograph Series in Finance and Economics. 1990，Working paper

[144] Anderson H. D. , Cooper S. , and Prevost A. K. . Block Trade Price Asymmetry and Changes in Depth: Evidence from the Australian Stock Exchange. The Financial Review. 2006, (41): 247 ~ 271

[145] Roll R. . A Simple Implicit Measure of the Effective Bid-Ask Spread in an Efficient Market. The Journal of Finance. 1984, (39): 1127 ~ 1139

[146] Glosten L. R. , Harris L. E. . Estimating the Components of the Bid Ask Spread. Journal of Financial Economics. 1988, (21): 123 ~ 142

[147] Brennan M. J, Subrahmanyam A. . Market Microstructure and Asset Pricing: On the Compensation for Illiquidity in Stock Returns. Journal of Financial Economics. 1996, (41): 441 ~ 464

[148] Amihud Y. , Mendelson H. , and Lauterback B. . . Market Microstructure and Securities Values: Evidence from the Tel Aviv Stock Exchange. Journal of Financial Economics. 1997, (45): 365 ~ 390

[149] Berkman H. , Eleswarapu V. R. . Short-Term Traders and Liquidity: A Test Using Bombay Stock Exchange Data. Journal of Financial Economics. 1998, (47): 339 ~ 355

[150] Chui C. W. A. , Wei K. C. J. . Liquidity Premium and the Catching-Up Effect in a Market without Market Makers: Evidence from the Japanese Stock Market. 1997, Working Paper

[151] Amihud Y. . Illiquidity and Stock Returns: Cross-Section and Time-Series Effects. Journal of Financial Markets. 2002, (5): 31 ~ 56

[152] Kerry C. S. , Groth J. C. and Avera W. E. . Liquidity, Exchange Listing and Common Stock Performance. Journal of Economics and Business. 1985, (37): 19 ~ 33

[153] Bernstein P. L. . Liquidity, Stock Markets, and Market Makers. Financial Management. 1987, (16): 54 ~ 62

[154] Liu W. . A Liquidity-Augmented Capital Asset Pricing Model. Journal of Financial Economics. 2006, (82): 631 ~ 671

[155] Degryse H.. The Total Cost of Trading Belgian Shares: Brussels versus London. Journal of Banking and Finance. 1999, (23): 1331 ~ 1355

[156] Grossman S. J., Stiglitz J.. On the Impossibility of Informationally Efficient Markets. The American Economic Review. 1980, (70): 393 ~ 408

[157] Chordia T., Roll R., and Subrahmanyam A. Order Imbalance, Liquidity and Market Returns. Journal of Financial Economics. 2002, (65): 111 ~ 130

[158] Bortolotti B., Jong F., Nicodano G., and Schindele I.. Privatization and Stock Market Liquidity. Journal of Banking & Finance. 2007, (31): 297 ~ 316

[159] Tversky A., Kahneman D.. Judgment under Uncertainty: Heuristics and Biases. Science. 1974, (185): 1124 ~ 1131

[160] Lee C. M. C., Ready M. J.. Inferring Trade Direction from Intraday Data. The Journal of Finance. 1991, (46): 733 ~ 746

[161] Boehmer E., Saar G., and Yu L.. Lifting the Veil: An Analysis of Pre-trade Transparency at the NYSE. The Journal of Finance. 2005, (LX): 783 ~ 815

[162] Lyons R.. Optimal Transparency in the Dealership Market with an Application to Foreign Exchange. Journal of Financial Intermediation. 1996, (5): 225 ~ 254

[163] Gemmill G.. Transparency and Liquidity: A Study of Block Transactions in the London Stock Exchange under Different Publication Rules. The Journal of Finance. 1996, (51): 1765 ~ 1790

# 附　录

**表 1－1　依时间排列股票第一、二种不平衡百分比、收益率百分比及日平均值**

**Table 1－1　The percentage of order imbalance and stock return based on first and second measure index and intraday mean value**

| 时间 | 股票 | 第一种不平衡百分比 | 收益率百分比 | 第二种不平衡百分比 |
|---|---|---|---|---|
| 07－03 | 600 438 | 3.36 | 1.66 | －56.63 |
| 07－03 | 600 460 | 1.39 | 1.02 | 14.87 |
| 07－03 | 600 754 | －3.78 | 0.88 | －35.18 |
| 07－03 | 600 322 | 15.53 | 6.71 | －18.29 |
| 07－03 | 600 432 | 14.61 | 9.94 | －91.73 |
| 07－03 | 600 062 | 8.34 | 2.34 | 0.29 |
| 07－03 | 600 535 | 0.31 | 0.95 | 39.01 |
| 07－03 | 600 770 | 34.79 | 4.14 | －9.95 |
| 07－03 | 600 521 | －4.58 | 1.60 | 12.46 |
| 07－03 | 600 266 | 18.49 | 3.87 | －16.87 |
| 07－03 | 600 456 | 7.31 | 0.29 | －71.93 |
| 07－03 | 600 270 | －1.74 | 0.37 | 31.68 |
| 07－03 | 600 500 | －5.15 | 0.35 | －55.92 |
| 07－03 | 600 808 | －10.39 | 1.05 | －27.93 |
| 07－03 | 600 183 | 12.83 | 2.37 | 50.78 |
| 07－03 | 600 675 | －3.10 | 3.46 | －67.03 |
| 07－03 | 600 428 | 21.90 | 3.47 | －73.02 |
| 07－03 | 600 585 | －6.57 | －1.45 | －29.10 |
| 07－03 | 600 550 | －7.97 | －1.05 | －46.53 |
| 07－03 | 600 320 | 11.09 | 7.57 | －29.13 |

续表(1－1)

| 时间 | 股票 | 第一种不平衡百分比 | 收益率百分比 | 第二种不平衡百分比 |
|---|---|---|---|---|
| 07－03 | 600 519 | －9.91 | －1.35 | －19.30 |
| 07－03 | 600 000 | 19.62 | 3.94 | －77.57 |
| 07－03 | 600 009 | 9.54 | 0.62 | 36.20 |
| 07－03 | 600 028 | －12.90 | 0.32 | －46.53 |
| 07－03 | 600 019 | －16.22 | 1.15 | －12.47 |
| 07－03 | 600 016 | 5.18 | 4.12 | －58.00 |
| 07－03 | 600 900 | －10.26 | 0.29 | －53.80 |
| 07－03 | 600 050 | 19.66 | 2.07 | －54.03 |
| 07－03 | 600 036 | －0.32 | 3.24 | －44.61 |
| | 平均值 | 3.83 | 2.20 | －27.94 |

(仅给出2006年7月3日的数据,直到12月29日的半年内计算数据类似,此处略)。

**表1－2　第三种不平衡度量方法所得收益率**

**Table 1－2　Stock return based on the third order imbalance measure index**

| 负 | 正 | 差 |
|---|---|---|
| 0.794 048 | －0.403 660 | 1.197 708 |
| 0.518 889 | －1.039 530 | 1.558 419 |
| 0.938 378 | －0.465 290 | 1.403 668 |
| 1.066 528 | －1.094 230 | 2.160 758 |
| 0.478 986 | 0.036 727 | 0.442 259 |
| 0.600 405 | －0.460 410 | 1.060 815 |
| 0.187 703 | －0.247 000 | 0.434 703 |
| 0.463 621 | －0.081 210 | 0.544 831 |
| 0.283 623 | 0.001 818 | 0.281 805 |
| 1.640 959 | －0.322 650 | 1.963 609 |
| －0.178 930 | 0.807 400 | －0.986 330 |
| 0.184 697 | －1.144 860 | 1.329 557 |

续表(2－1)

| 负 | 正 | 差 |
|---|---|---|
| 0.623 462 | －0.616 220 | 1.239 682 |
| 0.395 600 | －0.668 000 | 1.063 600 |
| 1.518 462 | －1.048 410 | 2.566 872 |
| 0.605 224 | －0.542 500 | 1.147 724 |
| 1.065 333 | 0.460 000 | 0.605 333 |
| 1.080 417 | －0.480 000 | 1.560 417 |
| 1.092 727 | 0.350 909 | 0.741 818 |
| 0.214 091 | －0.534 290 | 0.748 381 |
| 0.969 677 | －0.635 930 | 1.605 607 |
| 0.798 367 | 0.640 667 | 0.157 700 |
| 0.877 632 | 0.379 778 | 0.497 854 |
| 0.281 644 | 0.148 800 | 0.132 844 |
| 1.513 276 | －0.784 520 | 2.297 796 |
| 1.422 687 | －0.031 900 | 1.454 587 |
| 1.236 316 | －0.227 270 | 1.463 586 |
| 0.758 226 | －0.303 170 | 1.061 396 |
| 0.692 500 | －0.500 670 | 1.193 170 |
| 0.874 342 | 0.287 872 | 0.586 470 |

**表1－3　股票交易规模与基于侧重交易日间数据的委托单不平衡的因果检验**

**Table 1－3　Causality test statistics on trade size and order imbalance which based on interday data**

| 小 | | | 中 | | | 大 | | |
|---|---|---|---|---|---|---|---|---|
| 股票 | SIZE-IMB | IMB-SIZE | 股票 | SIZE-IMB | IMB-SIZE | 股票 | SIZE-IMB | IMB-SIZE |
| 600 088 | 0.505 9 | 0.757 5 | 600 060 | 0.547 2 | 0.516 5 | 600 037 | 0.382 0 | 0.638 3 |
| 600 161 | 0.861 7 | 0.154 6 | 600 456 | 0.521 4 | 0.663 2 | 600 085 | 0.960 0 | 0.465 7 |
| 600 216 | 0.850 5 | 0.027 6 | 600 497 | 0.681 8 | 0.467 2 | 600 089 | 0.509 1 | 0.534 4 |
| 600 267 | 0.093 2 | 0.251 7 | 600 508 | 0.651 9 | 0.504 9 | 600 271 | 0.710 3 | 0.953 9 |
| 600 289 | 0.893 3 | 0.202 5 | 600 547 | 0.173 9 | 0.183 8 | 600 309 | 0.596 7 | 0.757 7 |

续表(1-3)

| 小 | | | 中 | | | 大 | | |
|---|---|---|---|---|---|---|---|---|
| 股票 | SIZE-IMB | IMB-SIZE | 股票 | SIZE-IMB | IMB-SIZE | 股票 | SIZE-IMB | IMB-SIZE |
| 600 317 | 0. 667 0 | 0. 000 068 | 600 550 | 0. 824 5 | 0. 653 5 | 600 519 | 0. 022 1 | 0. 989 7 |
| 600 426 | 0. 081 2 | 0. 898 7 | 600 585 | 0. 348 1 | 0. 287 2 | 600 583 | 0. 414 9 | 0. 921 7 |
| 600 432 | 0. 353 6 | 0. 016 6 | 600 596 | 0. 921 3 | 0. 599 7 | 600 004 | 0. 288 3 | 0. 515 5 |
| 600 460 | 0. 932 2 | 0. 794 8 | 600 012 | 0. 520 8 | 0. 863 9 | 600 009 | 0. 562 2 | 0. 975 9 |
| 600 498 | 0. 985 2 | 0. 121 1 | 600 022 | 0. 489 9 | 0. 958 1 | 600 100 | 0. 866 4 | 0. 085 7 |
| 600 521 | 0. 579 7 | 0. 018 0 | 600 058 | 0. 621 0 | 0. 247 0 | 600 123 | 0. 373 6 | 0. 048 0 |
| 600 535 | 0. 980 5 | 0. 056 7 | 600 075 | 0. 071 2 | 0. 855 2 | 600 331 | 0. 473 7 | 0. 050 6 |
| 600 584 | 0. 144 5 | 0. 223 2 | 600 096 | 0. 166 8 | 0. 036 0 | 600 348 | 0. 756 3 | 0. 645 8 |
| 600 748 | 0. 085 7 | 0. 778 9 | 600 098 | 0. 859 1 | 0. 990 3 | 600 660 | 0. 820 3 | 0. 172 6 |
| 600 770 | 0. 845 1 | 0. 296 4 | 600 153 | 0. 672 5 | 0. 365 0 | 600 879 | 0. 438 0 | 0. 887 1 |
| 600 971 | 0. 972 7 | 0. 480 0 | 600 171 | 0. 737 4 | 0. 123 3 | 600 887 | 0. 123 6 | 0. 470 0 |
| 600 007 | 0. 447 8 | 0. 714 6 | 600 188 | 0. 403 8 | 0. 999 3 | 600 000 | 0. 803 9 | 0. 680 8 |
| 600 073 | 0. 970 3 | 0. 036 0 | 600 236 | 0. 543 7 | 0. 244 0 | 600 001 | 0. 411 9 | 0. 998 6 |
| 600 138 | 0. 298 4 | 0. 000 012 | 600 256 | 0. 497 3 | 0. 860 3 | 600 005 | 0. 234 9 | 0. 862 2 |
| 600 160 | 0. 150 6 | 0. 262 2 | 600 362 | 0. 484 2 | 0. 025 9 | 600 008 | 0. 779 4 | 0. 509 4 |
| 600 169 | 0. 428 2 | 0. 971 4 | 600 428 | 0. 339 9 | 0. 759 4 | 600 010 | 0. 859 7 | 0. 661 8 |
| 600 322 | 0. 989 4 | 0. 077 8 | 600 489 | 0. 290 9 | 0. 217 2 | 600 011 | 0. 673 8 | 0. 784 3 |
| 600 467 | 0. 265 2 | 0. 969 6 | 600 602 | 0. 916 7 | 0. 999 9 | 600 016 | 0. 979 5 | 0. 974 9 |
| 600 472 | 0. 202 7 | 0. 524 5 | 600 631 | 0. 569 1 | 0. 261 0 | 600 019 | 0. 723 2 | 0. 950 6 |
| 600 528 | 0. 472 4 | 0. 372 8 | 600 663 | 0. 879 5 | 0. 513 2 | 600 026 | 0. 590 8 | 0. 668 1 |
| 600 636 | 0. 919 3 | 0. 131 6 | 600 739 | 0. 729 8 | 0. 327 3 | 600 029 | 0. 541 8 | 0. 777 7 |
| 600 637 | 0. 902 8 | 0. 049 3 | 600 787 | 0. 496 4 | 0. 301 5 | 600 030 | 0. 375 6 | 0. 315 2 |
| 600 638 | 0. 250 8 | 0. 051 2 | 600 851 | 0. 980 7 | 0. 752 1 | 600 036 | 0. 899 6 | 0. 996 9 |
| 600 639 | 0. 747 4 | 0. 166 1 | 600 997 | 0. 229 5 | 0. 161 9 | 600 104 | 0. 424 5 | 0. 398 4 |
| 600 685 | 0. 666 8 | 0. 326 7 | 600 020 | 0. 367 2 | 0. 117 5 | 600 177 | 0. 378 2 | 0. 994 5 |
| 600 764 | 0. 465 3 | 0. 050 8 | 600 183 | 0. 546 1 | 0. 684 3 | 600 418 | 0. 838 1 | 0. 805 3 |
| 600 779 | 0. 599 2 | 0. 925 4 | 600 196 | 0. 551 9 | 0. 240 4 | 600 629 | 0. 038 5 | 0. 997 5 |
| 600 855 | 0. 724 9 | 0. 360 8 | 600 210 | 0. 728 4 | 0. 000 7 | 600 642 | 0. 575 8 | 0. 374 3 |
| 600 872 | 0. 141 5 | 0. 153 9 | 600 220 | 0. 164 1 | 0. 846 6 | 600 649 | 0. 522 2 | 0. 561 7 |

续表(1－3)

| 小 | | | 中 | | | 大 | | |
|---|---|---|---|---|---|---|---|---|
| 股票 | SIZE-IMB | IMB-SIZE | 股票 | SIZE-IMB | IMB-SIZE | 股票 | SIZE-IMB | IMB-SIZE |
| 600 961 | 0. 498 2 | 0. 929 8 | 600 350 | 0. 932 8 | 0. 999 1 | 600 653 | 0. 163 6 | 0. 904 6 |
| 600 108 | 0. 958 6 | 0. 538 7 | 600 500 | 0. 540 9 | 0. 478 5 | 600 690 | 0. 324 7 | 0. 971 3 |
| 600 130 | 0. 914 4 | 0. 278 7 | 600 598 | 0. 645 8 | 0. 069 3 | 600 717 | 0. 782 9 | 0. 179 8 |
| 600 151 | 0. 067 4 | 0. 090 2 | 600 635 | 0. 751 3 | 0. 473 2 | 600 832 | 0. 034 0 | 0. 221 7 |
| 600 266 | 0. 819 0 | 0. 041 4 | 600 675 | 0. 093 7 | 0. 679 2 | 600 839 | 0. 116 7 | 0. 527 7 |
| 600 591 | 0. 988 2 | 0. 343 9 | 600 797 | 0. 356 4 | 0. 501 1 | 600 895 | 0. 702 4 | 0. 067 2 |
| 600 606 | 0. 606 6 | 0. 147 9 | 600 808 | 0. 379 4 | 0. 933 6 | 600 900 | 0. 087 7 | 0. 316 3 |

**表 1－4　股票交易规模与基于侧重交易日内数据的委托单不平衡的因果检验**

**Table 1－4 Causality test statistics on trade size and order imbalance which based on intraday data**

| 小 | | | 中 | | | 大 | | |
|---|---|---|---|---|---|---|---|---|
| 股票 | SIZE-IMB | IMB-SIZE | 股票 | SIZE-IMB | IMB-SIZE | 股票 | SIZE-IMB | IMB-SIZE |
| 600 088 | 0. 746 2 | 0. 488 6 | 600 060 | 0. 354 2 | 0. 340 1 | 600 037 | 0. 582 4 | 0. 087 7 |
| 600 161 | 0. 409 0 | 0. 029 4 | 600 456 | 0. 679 9 | 0. 165 9 | 600 085 | 0. 586 2 | 0. 453 2 |
| 600 216 | 0. 954 7 | 0. 877 7 | 600 497 | 0. 418 2 | 0. 993 4 | 600 089 | 0. 414 9 | 0. 185 0 |
| 600 267 | 0. 280 8 | 0. 526 4 | 600 508 | 0. 511 6 | 0. 000 9 | 600 271 | 0. 179 0 | 0. 917 4 |
| 600 289 | 0. 529 7 | 0. 606 9 | 600 547 | 0. 905 7 | 0. 416 6 | 600 309 | 0. 946 8 | 0. 834 8 |
| 600 317 | 0. 653 4 | 0. 096 8 | 600 550 | 0. 979 5 | 0. 056 2 | 600 519 | 0. 848 3 | 0. 723 1 |
| 600 426 | 0. 666 8 | 0. 358 7 | 600 585 | 0. 464 4 | 0. 220 8 | 600 583 | 0. 633 0 | 0. 062 4 |
| 600 432 | 0. 257 1 | 0. 869 7 | 600 596 | 0. 761 6 | 0. 913 5 | 600 004 | 0. 499 9 | 0. 931 8 |
| 600 460 | 0. 013 8 | 0. 412 6 | 600 012 | 0. 084 0 | 0. 086 5 | 600 009 | 0. 251 4 | 0. 482 7 |
| 600 498 | 0. 030 2 | 0. 188 6 | 600 022 | 0. 944 1 | 0. 797 5 | 600 100 | 0. 498 2 | 0. 516 3 |
| 600 521 | 0. 846 1 | 0. 858 7 | 600 058 | 0. 549 2 | 0. 929 8 | 600 123 | 0. 126 3 | 0. 620 4 |
| 600 535 | 0. 377 1 | 0. 156 4 | 600 075 | 0. 571 8 | 0. 199 4 | 600 331 | 0. 005 0 | 0. 247 1 |
| 600 584 | 0. 345 7 | 0. 580 8 | 600 096 | 0. 519 9 | 0. 519 9 | 600 348 | 0. 442 8 | 0. 395 9 |
| 600 748 | 0. 514 9 | 0. 270 8 | 600 098 | 0. 469 3 | 0. 143 1 | 600 660 | 0. 629 5 | 0. 315 7 |
| 600 770 | 0. 042 3 | 0. 482 5 | 600 153 | 0. 869 0 | 0. 134 4 | 600 879 | 0. 596 3 | 0. 002 0 |

**续表(1-4)**

| 小 | | | 中 | | | 大 | | |
|---|---|---|---|---|---|---|---|---|
| 股票 | SIZE-IMB | IMB-SIZE | 股票 | SIZE-IMB | IMB-SIZE | 股票 | SIZE-IMB | IMB-SIZE |
| 600 971 | 0. 380 1 | 0. 644 6 | 600 171 | 0. 013 5 | 0. 355 5 | 600 887 | 0. 783 0 | 0. 495 0 |
| 600 007 | 0. 840 5 | 0. 953 0 | 600 188 | 0. 633 8 | 0. 127 7 | 600 000 | 0. 191 3 | 0. 071 8 |
| 600 073 | 0. 689 2 | 0. 746 0 | 600 236 | 0. 847 8 | 0. 027 9 | 600 001 | 0. 407 4 | 0. 786 5 |
| 600 138 | 0. 255 1 | 0. 171 0 | 600 256 | 0. 985 2 | 0. 165 2 | 600 005 | 0. 074 1 | 0. 905 7 |
| 600 160 | 0. 738 6 | 0. 129 9 | 600 362 | 0. 919 4 | 0. 498 2 | 600 008 | 0. 074 2 | 0. 254 9 |
| 600 169 | 0. 501 2 | 0. 280 6 | 600 428 | 0. 009 2 | 0. 350 4 | 600 010 | 0. 627 3 | 0. 187 9 |
| 600 322 | 0. 888 5 | 0. 093 3 | 600 489 | 0. 974 2 | 0. 658 4 | 600 011 | 0. 369 8 | 0. 172 4 |
| 600 467 | 0. 815 5 | 0. 042 8 | 600 602 | 0. 796 2 | 0. 455 9 | 600 016 | 0. 608 5 | 0. 962 8 |
| 600 472 | 0. 382 9 | 0. 675 6 | 600 631 | 0. 814 7 | 0. 681 7 | 600 019 | 0. 264 6 | 0. 163 1 |
| 600 528 | 0. 564 0 | 0. 027 4 | 600 663 | 0. 999 3 | 0. 720 4 | 600 026 | 0. 856 7 | 0. 614 8 |
| 600 636 | 0. 406 2 | 0. 428 8 | 600 739 | 0. 557 3 | 0. 367 2 | 600 029 | 0. 568 4 | 0. 854 3 |
| 600 637 | 0. 655 1 | 0. 519 5 | 600 787 | 0. 414 1 | 0. 349 6 | 600 030 | 0. 883 3 | 0. 538 7 |
| 600 638 | 0. 433 5 | 0. 852 3 | 600 851 | 0. 869 1 | 0. 911 9 | 600 036 | 0. 496 2 | 0. 666 7 |
| 600 639 | 0. 105 3 | 0. 658 2 | 600 997 | 0. 500 8 | 0. 432 5 | 600 104 | 0. 923 2 | 0. 397 7 |
| 600 685 | 0. 872 2 | 0. 313 6 | 600 020 | 0. 860 7 | 0. 082 3 | 600 177 | 0. 140 5 | 0. 700 3 |
| 600 764 | 0. 936 1 | 0. 701 5 | 600 183 | 0. 463 0 | 0. 862 2 | 600 418 | 0. 611 9 | 0. 413 2 |
| 600 779 | 0. 017 9 | 0. 079 6 | 600 196 | 0. 774 8 | 0. 195 6 | 600 629 | 0. 116 1 | 0. 540 9 |
| 600 855 | 0. 835 7 | 0. 069 6 | 600 210 | 0. 146 4 | 0. 211 8 | 600 642 | 0. 232 8 | 0. 375 2 |
| 600 872 | 0. 027 9 | 0. 222 3 | 600 220 | 0. 230 8 | 0. 392 3 | 600 649 | 0. 847 0 | 0. 325 7 |
| 600 961 | 0. 084 7 | 0. 089 2 | 600 350 | 0. 132 4 | 0. 223 6 | 600 653 | 0. 721 3 | 0. 402 7 |
| 600 108 | 0. 024 0 | 0. 071 6 | 600 500 | 0. 205 8 | 0. 179 4 | 600 690 | 0. 155 2 | 0. 330 5 |
| 600 130 | 0. 472 1 | 0. 892 4 | 600 598 | 0. 703 8 | 0. 666 7 | 600 717 | 0. 169 2 | 0. 429 6 |
| 600 151 | 0. 252 5 | 0. 474 6 | 600 635 | 0. 959 6 | 0. 888 6 | 600 832 | 0. 402 8 | 0. 707 8 |
| 600 266 | 0. 162 2 | 0. 265 9 | 600 675 | 0. 878 7 | 0. 105 1 | 600 839 | 0. 020 2 | 0. 504 6 |
| 600 591 | 0. 078 9 | 0. 676 2 | 600 797 | 0. 922 1 | 0. 110 7 | 600 895 | 0. 113 8 | 0. 470 4 |
| 600 606 | 0. 773 7 | 0. 998 9 | 600 808 | 0. 214 6 | 0. 281 9 | 600 900 | 0. 033 7 | 0. 494 4 |

# 后 记

本书的出版得益于浙江工商大学金融学院对中青年教师提供的学术支持和鼓励,研究得到了教育部人文社会科学青年基金(12YJC790270)、教育部博士点基金(20123326120006)、浙江省哲学社会科学规划课题(11JCYJ10YB)的支持,在此一并表示衷心的感谢。

本书如果有什么可取之处的话,应当归功于我的博士生导师安实教授。导师渊博的知识、严谨的治学态度、踏实的工作作风、敏锐的洞察力和诲人不倦的崇高师德,在为学和为人上的悉心教诲将使我受益终生。值此书完成之际,衷心地向导师安实教授致以最诚挚的谢意。祝愿安教授身体健康,工作顺利,桃李满天下!

特别感谢哈尔滨工业大学的胡运权教授、鞠晓峰教授、武永祥教授、王福胜教授、韩东平教授、李向阳教授、吴冲教授、姜明辉教授、艾文国教授予及哈尔滨工程大学的傅毓维教授等提出的宝贵建议和在研究中给予的鼎力支持。老师们开阔的思维、新颖的角度、无私的帮助和富于建设性的指导,令我受益匪浅,在此表示深深的谢意!

感谢本书的编辑中国经济出版社张薇女士的辛勤劳动,你认真、高效和耐心的工作保证了本书的顺利出版。

最后,感谢我的父母这许多年对我梦想的坚定支持和默默奉献,感恩他们教育我去做一个正直善良的人;感谢我的爱人这几年来对我无微不至的支持和鼓励,是你们毫无保留的爱给了我每一天都去为梦想而奋斗的勇气和信心。结稿之余审视拙文,汗颜之处甚多,零散的几处火花亦微不足道,由于水平有限加之时间仓促,书中的谬误之处还期待读者的批评指正。